中国教育发展战略学会
人工智能与机器人教育专业委员会　青少年科技教育系列研究成果

中小学人工智能课程教学指南

中国教育发展战略学会　组编
韩力群　施　彦　主编

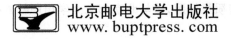
北京邮电大学出版社
www.buptpress.com

图书在版编目(CIP)数据

中小学人工智能课程教学指南 / 中国教育发展战略学会组编. -- 北京：北京邮电大学出版社，2022.1

ISBN 978-7-5635-6589-4

Ⅰ. ①中… Ⅱ. ①中… Ⅲ. ①人工智能—中小学—教学参考资料 Ⅳ. ①G634.673

中国版本图书馆 CIP 数据核字(2021)第 263319 号

策划编辑：刘纳新　姚　顺　　责任编辑：孙宏颖　　封面设计：七星博纳

出版发行：北京邮电大学出版社
社　　址：北京市海淀区西土城路 10 号
邮政编码：100876
发 行 部：电话：010-62282185　传真：010-62283578
E-mail：publish@bupt.edu.cn
经　　销：各地新华书店
印　　刷：保定市中画美凯印刷有限公司
开　　本：720 mm×1 000 mm　1/16
印　　张：7.75
字　　数：105 千字
版　　次：2022 年 1 月第 1 版
印　　次：2025 年 3 月第 3 次印刷

ISBN 978-7-5635-6589-4　　　　　　　　　　　　　　　定　价：32.00 元

· 如有印装质量问题，请与北京邮电大学出版社发行部联系 ·

《中小学人工智能课程教学指南》
编委会

主　任：孙霄兵　中国教育发展战略学会执行会长、教育部政策法规司原司长

秘书长：韩力群　中国教育发展战略学会人工智能与机器人教育专业委员会副理事长兼秘书长、北京工商大学教授

委　员（按姓氏首字母排序）：

段星光　科技部智能机器人重点专项总体专家组专家、北京理工大学教授

孙富春　中国人工智能学会副理事长、清华大学教授

王长民　广州中望龙腾软件股份有限公司副总经理兼教育发展部总经理

王耀南　中国工程院院士、湖南大学教授

张双鼓　中国教育发展战略学会常务副会长、中国联合国教科文组织全国委员会咨询专家

张欣欣　中国教育发展战略学会人工智能与机器人教育专业委员会理事长、北京科技大学原校长

张义宝　北京润丰学校校长、北京市特级校长

赵姝颖　辽宁省科普作家协会副理事长、东北大学教授

郑增仪　国家督学、教育部基础教育司原副司长

钟义信　发展中世界工程技术科学院院士、北京邮电大学原副校长、中国人工智能学会原理事长

尹义龙　山东省人工智能学会理事长、山东大学教授

于乃功　中国人工智能学会科普工作委员会秘书长、北京工业大学教授

出版说明

2017年7月，国务院颁发了《新一代人工智能发展规划》（以下简称《规划》）。《规划》提出："到2030年，我国人工智能理论、技术与应用总体达到世界领先水平，成为世界主要人工智能创新中心。"为实现这一宏伟目标，提升全民特别是青少年的人工智能科学素养意义重大。因此，《规划》中明确指出："应逐步开展全民智能教育项目，在中小学阶段设置人工智能相关课程。"

2019年，中国教育发展战略学会人工智能与机器人教育专业委员会将"如何在中小学开设人工智能课程"列为重点研究课题，组织人工智能领域和教育领域的资深专家进行了长达两年的深入研究，《中小学人工智能课程教学指南》（以下简称《指南》）正是该课题的核心研究成果。在《指南》的编写过程中，课题组依据《指南》中确定的AI知识体系编写了中学版人工智能教材，并根据部分中小学师生试读后的反馈意见与建议进行了完善与优化。2021年4月，中国教育发展战略学会组织专家论证会对《指南》进行了评审与论证，《指南》得到与会人工智能领域知名专家和教育专家的高度评价。目前《指南》课题组正在《指南》的框架下开发各学段人工智能系列教材及配套课程与教学装备。

目 录

第一部分 前言 ·· 1

 一、性质 ·· 2

 二、价值 ·· 3

 三、基本理念 ··· 4

 四、设计思路 ··· 6

 五、适用范围 ··· 10

 六、与 Python 编程、机器人等课程的关系 ································ 10

第二部分 教学目标 ··· 11

第三部分 教学内容 ··· 13

 一、第一学段(小学 1～3 年级) ·· 13

 二、第二学段(小学 4～6 年级) ·· 22

 三、第三学段(初中 1～3 年级) ·· 34

 四、第四学段(高中 1～3 年级) ·· 47

第四部分　教学实施建议 ……………………………… 59

一、教学建议 ……………………………………… 59

二、评价建议 ……………………………………… 62

三、教材编写建议 ………………………………… 65

四、教师发展建议 ………………………………… 68

附录 1　知识点与建议达成目标一览表 ……………… 70

附录 2　人工智能常用术语中英文对照 …………… 100

第一部分 前　　言

近年来,人工智能(Artificial Intelligence,AI)正在历史性地进入技术创新和大规模应用的高潮期,人工智能技术不断取得令人叹为观止的进步,以新一代人工智能为代表的科技和产业革命正在孕育兴起,围绕"智能+"打造的产业新应用、新业态、新模式不断涌现,正在对世界经济、人类生活和社会进步产生极其深刻的影响。

2017年7月,国务院颁发了《新一代人工智能发展规划》(以下简称《规划》)。《规划》提出:"到2030年,我国人工智能理论、技术与应用总体达到世界领先水平,成为世界主要人工智能创新中心。"为按期完成这一宏伟目标,人才培养是重中之重。对此《规划》明确指出:"应逐步开展全民智能教育项目,在中小学阶段设置人工智能相关课程。"

学习人工智能需要有一定的高等数学和计算机科学知识,应用人工智能技术也同样需要足够的数学、控制、机电等领域知识。显然,所有这些知识都远远超出中小学生(即使是高中生)的认知能力。过早地将多学科、多领域交叉的高层次知识呈现在基础知识远不完备的中小学生面前,试图用中小学生听不懂的术语解释陌生的技术原理,这样的学习是很难取得效果的。因此,如何设计中小学人工智能教材的教学内容?如何定位该课程的教学目标?这是"在中小学阶段设置人工智能相关课程"必须解决的共性问题,需要从事人工智能教学与科研的相关机构进行深入研究并给出可行的解决方案。

为了使中小学生适应智能化时代的工作和生活,中国教育发展战略学会人工智能与机器人教育专业委员会组织编写了《中小学人工智能课程教学指南》(以下简称《指南》)。《指南》梳理了人工智能学科领域的知识体系及各知识点之间的相互联系,总结了人工智能技术在各行各业的应用场景,关注智能产品给人类的工作和生活带来的便利和影响,旨在指导和帮助各类中小学校顺利开展人工智能课程教学活动,帮助中小学生从整体上了解人工智能基本知识,体验人工智能技术带来的获得感,熟悉人工智能技术的应用场景,从而促进中小学生创新意识、综合能力和科技人文综合素质的发展,使其成为具有较高 AI 科技素养、能适应未来智能化时代发展的建设者。

一、性质

《指南》以推进普通中小学人工智能课程普及,培养学生创新意识、综合能力,提升人工智能科学素养为目的,可作为开展中小学人工智能教学活动的基本依据,也可作为设计中小学人工智能课程教材、教学内容、教学方案和教学装备的指导性、建议性大纲。《指南》具有以下几个特性。

1. 综合性

人工智能课程是一门多学科交叉、多方法融合、多技术集成的高度综合课程,《指南》强调各学科、各领域知识之间的联系与综合应用。综合集成是中小学生在今后工作与生活中有效解决问题的基本方法,多样而灵活的思维训练可为中小学生在未来学习型、智能化社会中自我发展、持续发展打下基础。

2. 系统性

《指南》系统地从人工智能理论、方法和技术中筛选核心知识点,根据不同学段学生的知识背景、智力水平和认知能力,由浅入深、循序渐进地引导中小学生逐步了解、体验、熟悉、理解 AI 技术相关知识及应用场景。

3. 体验性

中小学人工智能课程的基本学习方式是让学生通过体验 AI 技术和应用场景等实践活动了解 AI 的功能,进而熟悉和探究相关 AI 知识。《指南》建议课程要强调学生的直接经验和亲身体验,立足于从"玩中学""做中学"到"学中问""学中做"。

4. 创新性

人工智能技术是快速发展中的技术,富有创新活力。因此,《指南》强调人工智能课程在传授知识的同时,应更注重培养中小学生的创新意识和创新精神。通过 AI 课程的学习激发学生利用所学 AI 知识解决各类实际问题的远大志向。

5. 人文性

人工智能课程为实现学生的全面发展而设置,通过恰当而充实的技术内涵既可体现科技精神,又可体现人文精神。《指南》强调该课程既要具有基本的技术价值,又要具有丰富的文化价值。

6. 启发性

《指南》强调在人工智能的教学中要以学生为主体,让学生成为学习活动的主人。要充分调动学生的学习积极性和主动性,引导他们独立思考、提出问题、积极探索,使他们自觉地掌握人工智能知识和提高他们分析、解决问题的能力。

二、价值

《指南》使广大中小学教师在人工智能课程的教学工作中有章可循,

得到及时有效的帮助和专业指导,在人工智能课程的教学中能够系统科学地提高学生关于人工智能基本概念、关键技术与主要应用的知识水平与素养,从而推动我国中小学人工智能教学工作的科学化、规范化、系统化,促进中小学人工智能课程整体教学质量的提高,真正落实国务院《新一代人工智能发展规划》提出的"应逐步开展全民智能教育项目,在中小学阶段设置人工智能相关课程"的要求。

三、基本理念

中小学人工智能课程是一门以培养和提升学生科技人文素养、创新意识和综合能力为宗旨的综合素质教育课程。基于这样的课程定位,《指南》提出以下基本教学理念。

1. 科学教育与人文教育相融合

素质教育应通过科学教育与人文教育两个基本渠道及其融合来实现。以科学教育为核心内容的教育,其目的是解决受教育者对客观世界的认识问题,构建受教育者的知识体系和认识体系,发展受教育者的逻辑思维等;以人文教育为核心内容的教育,其目的是解决受教育者对精神世界的认识问题,构建受教育者的价值体系和伦理体系,发展受教育者的形象思维等。而通过人工智能课程实施的素质教育应很好地实现科学教育与人文教育的融合。

2. 面向全体中小学生

在中小学设置人工智能课程的根本目的是提升学生的 AI 科技素养,为全体适龄学生在智能化社会的学习、生活、工作以及参与社会活动、承担社会责任打下良好基础。因此,《指南》适用于从小学、初中到高中(或中等职业教育)各学段的教育对象。建议有条件的学校将这种始于小学的人工智能科普教育纳入教学计划,以惠及全体中小学生。

3. 学习 AI 以适应未来社会

相比于向学生传授人工智能知识和技术本身,《指南》更强调学生对人工智能技术、应用场景、智能产品等各个方面的了解和切身体验,使学生在学习和了解重要的人工智能基本概念和基本知识的基础上,熟悉人工智能的应用场景,习惯使用生活中常用的智能工具,体验 AI 技术赋能带来的获得感。作为未来智能化社会的主人,中小学生有必要通过学习人工智能基础知识提升科技素养,从而更好地适应未来的生活和就业环境。

4. 反映新一代人工智能科技成果

人工智能技术的发展日新月异,中小学人工智能课程应适当地反映当代最新人工智能科技成果和应用成果,使学生了解一些易于认知的现代人工智能科技知识,了解现代人工智能科技对改善人们物质与精神生活的作用,使他们意识到人工智能科技与自身和社会发展的密切关系,从而立志创新,服务社会。

5. 激励爱国强国志向

在人工智能领域,中国和美国同处于第一梯队,但在顶尖 AI 人才、AI 基础理论和 AI 技术创新能力等方面还有很多差距。国务院颁发的《新一代人工智能发展规划》提出,到 2030 年实现"人工智能理论、技术与应用总体达到世界领先水平,成为世界主要人工智能创新中心"的战略目标。中小学人工智能课程要激励青少年树立实现这一战略目标的伟大志向,鼓励他们成为我国强大的 AI 人才后备军。

四、设计思路

1. 学段设计

根据青少年发展的生理和心理特征,基础教育阶段的人工智能课程须循序渐进、由浅入深。《指南》将 12 年的学习时间具体划分为 4 个学段,统筹考虑 12 年的课程内容。第一学段为小学 1~3 年级,第二学段为小学 4~6 年级,第三学段为初中 1~3 年级,第四学段为高中 1~3 年级或中等职业教育 1~3 年级。

2. 教学内容设计

《指南》根据不同学段学生的认知特点安排了 9 个教学模块和 1 个综合实践环节。9 个教学模块分别为人工智能概述、智能工具与社会伦理、机器感知、机器认知、机器学习、人工神经网络、知识表示与推理、群体智能与进化智能、人机交互。不同学段的教学内容可从这些模块中进行取舍与组合。

(1) 人工智能概述模块

人工智能概述模块的主要内容包括自然智能与人工智能、人工智能的发展过程、人脑与计算机信息处理能力的差异、人工智能的分类,以及人工智能的主要应用领域等,各学段的教学内容可从中取舍。本模块的教学重点是激发学生对人工智能的好奇心和学习兴趣,帮助学生了解什么是人工智能,人工智能有哪些重要应用,为进一步学习打下基础。

(2) 智能工具与社会伦理模块

所谓工具泛指所有用于人类工作和生活的人造产品,包括器具、机器、软件等。智能工具与社会伦理模块应体现科学教育与人文教育相融合的理念,强调从农业社会到工业社会、从信息社会到智能社会,人类发明创造的工具具有不同时代的技术烙印和功能特点。本模块应重点突出智能化时代的智能工具及其应用场景、智能工具对社会发展的利弊，以及应用智能工具的伦理问题等。

（3）机器感知模块

从中学生物学人体感觉系统、人的感知能力和感觉器官等相关知识，过渡到机器的感知系统模型和常用传感器，强调人类创造的工具通过模拟人和辅助人从而拓展人类的感觉能力这一重要特点。机器感知模块的主要内容包括机器视觉系统和图像传感器的基本知识、声波的分类与声音传感器的基本知识、温度传感器的基本知识、压力传感器的基本知识、嗅觉传感器的基本知识、味觉传感器的基本知识，以及多传感器信息融合的基本概念。小学生在日常生活中会接触到大量有关"检测"的设备，如温度计、压力表、电子秤、照相机等。在机器感知模块的教学中，应尽量结合这类应用实例帮助学生理解有关基本概念。中学生在生物学、物理学等课程中会学习到很多与感官和传感相关的知识，如生物学中关于眼睛、耳朵、皮肤等的知识，物理学中关于压电效应、压阻效应、声波传播等的知识。本模块的教学内容应尽量结合学生在相关课程中学过的知识并进行深化。

（4）机器认知模块

机器认知模块主要涉及模式识别领域的基本概念和基本知识，包括特征提取与特征表示、线性分类与非线性分类、聚类与聚类中心等。在本模块的教学中，应多结合学生在日常生活中的经历和体验来帮助他们理解特征提取、分类、聚类等基本知识；第三、四学段应注意与数学课中的直线方程、平面方程以及二维空间、三维空间等知识相结合，以加深学生对相关知识的理解。

（5）机器学习模块

机器学习模块的主要内容包括：关于机器学习系统的基本知识；关于机器学习方法的基本知识，如监督学习、无监督学习、半监督学习、强化学习等；关于机器学习算法的基本知识，如线性回归、决策树分类、均值聚类、主成分分析降维等经典算法。这些教学内容涉及的技术术语较多,在教学中要特别注意深入浅出,尽量结合学生在日常生活中的经历和体验。

(6) 人工神经网络模块

人工神经网络模块的主要内容包括生物神经元的信息处理机理、人工神经元的 M-P 模型、人工神经网络模型、人工神经网络的特点和功能等。在本模块的教学中,第三、四学段应结合生物学课程中关于生物神经元的知识,帮助学生理解人工神经元的结构、信息处理方法和数学模型,熟悉人工神经网络的几种典型结构,了解人工神经网络与深度学习的关系。

(7) 知识表示与推理模块

知识表示与推理模块的主要内容包括:关于知识表示的基本知识,如一阶谓词、产生式规则、语义网络等知识表示法;关于知识推理系统的基本知识,如正向推理、逆向推理和混合推理等;关于状态空间搜索策略的基本知识,如盲目搜索和启发式搜索等;以及关于知识图谱的基本概念和关键技术。在本模块的教学中,第三、四学段应结合编程课程的相关内容,注重培养学生使用 Python 语言编写程序的能力,鼓励学生尝试编程实现人工智能领域的简单推理案例。

(8) 群体智能与进化智能模块

群体智能部分的主要内容包括:关于优化问题的基本概念,如函数组合和组合优化;关于群体智能的基本概念和常用算法,如蚁群算法、蜂群算法、鱼群算法、鸟群算法、狼群算法等;关于智能体与多智能体系统的概念。第三、四学段的教学重点不是使学生理解算法的数学原理,而是结合生物学课程的相关知识使学生认识到,在生物群体中,每个个体的能力都微不足道,但整个群体却呈现出很多不可思议的智能行为:蚁群在觅食、筑巢和合作搬运过程中的自组织能力,蜂群的角色分工和任务分配行为,鸟群从无序到有序的聚集飞行,狼群严密的组织系统及其精妙的协作捕猎方式,鱼群通过觅食、聚群及追尾行为找到营养物质最多的水域,等等。这些历经数万年进化而来的群体智能为人造系统的优化提供了很多可资借鉴的天然良策。因此,群体智能算法就是用数学方法对自然界某些生物群体的智能行为进行模拟。

进化智能部分的主要内容包括常规优化算法的特点及其瓶颈、进化论和基因遗传学的观点对复杂问题优化的启发,以及遗传算法如何引入"自然选择,优胜劣汰,适者生存"的优化机制,实现复杂问题的优化。

(9)人机交互模块

人机交互模块的主要内容包括自然语言处理、语音交互、情感计算、动作识别等。本模块重点介绍自然语言处理技术与应用场景,例如,在查询资料、解答问题、摘录文献、汇编资料等各种有关自然语言信息加工处理领域的应用,帮助各学段的学生了解、体验、熟悉自然语言处理技术。

3. 综合实践环节设计

人工智能综合实践环节的教学内容是人工智能课程的重要组成部分,是以一类问题为引导,使学生主动参与的学习活动。针对综合实践环节所给出的具体问题,学生综合运用所学的 AI 知识和各学科知识,经历发现问题和提出问题、分析问题和解决问题的全过程,体会各人工智能知识模块之间的联系,熟悉常用人工智能技术的特点,激发学生学习人工智能的兴趣,加深学生对所学基本概念和知识的理解。

综合实践环节可分为体验式实践、开发式实践和参加人工智能竞赛活动等类别。建议通过产教融合等创新模式建设中小学 AI 体验中心、实践基地等综合实践场所,鼓励企业开发相关 AI 教学设备与各种 AI 应用 App。可尝试将人工智能、Python 编程、智能机器人 3 门课程的实践环节打通,开发出 3 门课程互相支撑的实践环节,不仅能显著地提高综合实践基地的利用效率,而且有利于提升学生的综合能力。

4. 实施建议

为了保证《指南》的顺利实施,分别对教学活动、学习评价、教材编写、教师发展等方面提出了实施建议。

五、适用范围

《指南》主要适用于我国普通中小学校的人工智能课程教育教学，其中高中阶段的教学内容可为中等职业学校同类课程的教学内容提供参考。

六、与 Python 编程、机器人等课程的关系

"在中小学阶段设置人工智能相关课程，逐步推广编程教育"是国务院《新一代人工智能发展规划》明确提出的科普重点之一，而"智能机器人"则是《新一代人工智能发展规划》中提到的六大人工智能新兴产业之一。

人工智能的算法需要通过编程来实现，而人工智能的优势非常适于用智能机器人来呈现，3 个领域的知识各成体系，因此其教学内容不应互相混淆和替代。同时，3 门课程的知识体系又密切相关，如果学校有条件同时开设人工智能、Python 编程和智能机器人 3 门课程，学生可通过人工智能课程学习和理解人工智能基本概念，通过 Python 编程课程了解各种 AI 算法的编程案例，通过智能机器人课程体验人工智能如何为机器人赋能。3 门课程相辅相成，相得益彰，将共同构成更理想的知识体系。

第二部分 教学目标

中小学人工智能课程的总体教学目标是通过系统地学习人工智能的基本概念与基本知识，使学生成为具有较高 AI 科技素养、能适应未来智能化时代发展的建设者。通过人工智能课程的学习，学生应达到以下各项具体目标。

1. 提升信息素养

智能化是信息化发展的高级阶段，信息技术是人工智能技术的基础。因此，在人工智能课程的学习中应注重培养学生的信息意识、计算思维和数字化学习能力，着力提高学生的信息素养。

2. 培养探索能力

勇于探究与创新、勤于反思和独立思考的意识与能力是学生有效地应对未来社会不确定性的必备能力。在人工智能课程的学习过程中，要鼓励学生敢于质疑和试验，培养学生的科学探索精神和能力。

3. 培养创新能力

学习人工智能的根本目的是培养"创造力"。因此，学习人工智能的过程和结论都是开放式的，不同的学生可以发挥自己的创造力，采取不同的方式来达成某一个目标。要充分利用人工智能课程特有的学习方式来实现这种创新能力的培养。

4. 提高科学素养

学生在人工智能课程中会综合学习到传感器、控制、通信、编程、系统、机电等诸多概念和知识。在教学中要充分利用这些现代和前沿的科学知识开阔学生眼界，提升他们的科学素养。

5. 提高分析问题、解决问题的能力

人工智能的学习是一个不断发现问题和解决问题的过程。让学生在发现、分析、解决现实问题的过程当中进行学习、实践、创新，学会应对多变复杂的现实生活，不断提高其分析问题、解决问题的能力。

6. 提高学习兴趣与学习能力

在基础教育阶段，人工智能学习的特点是"玩中学"和"学中玩"相结合。要引导学生对人工智能这种科技产物充满好奇，希望人工智能带给他们科技的力量与惊喜。要让人工智能的学习过程成为激发学生的好奇心、培养学习兴趣，从而增强其学习能力的过程。

第三部分 教学内容

《指南》将人工智能的知识体系分为 9 个模块,其中核心模块的内容贯穿 4 个学段。在内容上由浅入深、循序渐进,而在蕴含的人工智能思想上一脉相承,透过现象认识本质,在浅显的知识上呈现深刻的思想,这是《指南》在内容安排上所秉持的原则,这也更有利于培养学生的科学素养,激发他们深度思考,为创新能力的培养打下基础。

一、第一学段(小学 1~3 年级)

1. 教学内容与达成目标概览

第一学段的教学内容与建议达成目标如表 1 所示,建议学习时间为 56~64 学时。

表 1 第一学段的教学内容与建议达成目标

知识模块	知识点	知识细分	建议达成目标
人工智能概述 (4~6 学时)	自然智能 与人工智能 (4~6 学时)	智能的概念 (1 学时)	知道人类的哪些能力可以称为"智能"
		自然智能 的表现 (2~4 学时)	(1)了解、识别或者举例说明人类以及自然界其他生物个体的智能表现,例如记忆、联想、识别、语言、推理、与环境博弈等智能现象 (2)了解、识别或者举例说明自然界生物群体的智能表现,例如蚁群、蜂群、狼群在觅食过程中的协作以及人类社会的分工与合作现象

续 表

知识模块	知识点	知识细分	建议达成目标
人工智能概述 （4~6学时）	自然智能 与人工智能 （4~6学时）	人工智能的 基本概念 （1学时）	了解"人工智能"是人类制造的工具所具有的智能，是对人脑智能或自然智能的模拟与拓展
智能工具 与社会伦理 （6学时）	智能工具的 基本概念 （2学时）	工具、智能工具、 智能技术 （1学时）	了解什么是工具（包括机器、设备、软件等有形或无形的人造产物），什么是智能工具，什么是智能技术
		智能产品与 非智能产品 的主要区别 （1学时）	能够举例说出生活中人工智能的应用，能区分典型的智能产品与非智能产品
	智能工具的 功能与 应用场景 （2学时）	生活中常见 的智能识别 技术（2学时）	使用智能工具（例如智能手机、智能门禁、智能锁等）进行手写字识别、人脸识别、指纹识别，体验人工智能技术的应用场景
	AI与社会 伦理（2学时）	AI对社会的 影响（2学时）	说一说日常生活中AI技术的应用，例如智能玩具、智能音箱、自动驾驶汽车给人们带来的影响以及人机融合发展
机器感知 （12~14学时）	生物感知 （4学时）	人体感觉 （3学时）	（1）了解人类的视觉器官和功能 （2）了解人类的听觉器官和功能 （3）了解人类的触觉器官和功能 （4）了解人类的嗅觉器官和功能 （5）了解人类的味觉器官和功能 （6）了解人类的其他感觉，如痛觉、温度觉、平衡觉、运动觉、机体觉等
		感觉与感知 （1学时）	了解感知和感觉的区别，人类有了感觉之后产生了哪些感知的内容，例如看到图像、听到声音后产生的认知、判断、情绪等
	机器感知应用 （4~6学时）	机器视觉 （1~2学时）	（1）在常用电子设备上能够识别视觉传感器 （2）了解视觉传感器的基本用途
		机器听觉 （1~2学时）	（1）在常用电子设备上能够识别听觉传感器 （2）了解声音传感器和扬声器的基本用途
		机器智能化 （2学时）	（1）了解在机器中，感知和感觉的区别，举例说明智能机器和非智能机器 （2）讨论并初步明确是什么使机器智能化

续 表

知识模块	知识点	知识细分	建议达成目标
机器感知 （12～14学时）	其他传感器 （4学时）	日常用传感器 （4学时）	（1）认识温度传感器及其基本用途 （2）认识压力传感器及其基本用途 （3）认识距离传感器及其基本用途 （4）认识光敏传感器及其基本用途
机器认知 （4～6学时）	特征提取和 特征表示 （2学时）	事物特征 （1学时）	了解什么是事物特征,如何用特征来描述事物
		视觉特征 （1学时）	了解对象的视觉特征
	识别的 层次结构 （2～4学时）	语音识别： 语音单元 （1～2学时）	了解构成中文的语音单位：音素、音节
		图像识别： 前景/背景 （1～2学时）	了解视觉场景中的背景和前景结构,知道计算机必须进行前景/背景分割才能提取图像中的对象
机器学习 （14～16学时）	人类学习 与机器学习 （2学时）	人类学习方式 （1学时）	（1）了解什么是人类学习 （2）说一说人类学习的方式,例如观察、示教、提问、实践、实验以及根据经验来学习
		机器学习方式 （1学时）	（1）通过类比人类学习说明什么是机器学习 （2）通过示例程序的演示来体验计算机能够进行学习
	机器学习的 环境（数据） （6～8学时）	数据的形式 （2学时）	初步了解机器学习系统中环境因素（数据）的形式和种类：信息、数据（例如图片、声音、手势、表情、天气）
		有标签的数据 （2学时）	（1）初步了解数据的标签 （2）能够初步明确数据特征的选择对预测标签的作用 （3）能够用实物/图片/示例程序创建简单的有标签数据集
		不同数据对 学习效果的影响 （2～4学时）	（1）通过示例程序演示并体验标签正确的数据集对机器学习效果的影响 （2）通过示例程序演示并体验存在标签错误的数据集对机器学习效果的影响 （3）观察少量数据集和较大数据集对机器学习效果的影响
	机器学习方法 （2学时）	监督学习过程 （2学时）	（1）通过示例程序演示并体验计算机通过在数据中找到模式来学习（有标签的数据集） （2）了解监督学习的基本含义,了解它与有教师指导的联系

续 表

知识模块	知识点	知识细分	建议达成目标
机器学习 (14~16学时)	机器学习应用 (4学时)	图像识别 (2学时)	(1) 体验智能电子设备的人脸、指纹识别等应用功能，观察识别正确率受到哪些因素的影响，如光照、角度等 (2) 体验智能电子设备拍物识别App的功能，说一说识别的效果如何，存在哪些问题
		语音识别与语音生成 (2学时)	(1) 体验智能电子设备的语音交互功能，观察识别正确率受到哪些因素的影响，如噪音、多人因素等 (2) 体验智能电子设备对文本进行朗读的功能，说一说效果如何
人工神经网络 (4学时)	生物神经网络 (4学时)	大脑的结构 (2学时)	了解大脑的基本结构
		大脑的功能 (2学时)	(1) 了解大脑的神经系统在人感知外部世界时所起的作用 (2) 了解大脑的神经系统在人控制身体和思想时所起的作用
群体智能与进化智能 (6学时)	生物群体智能、进化现象：群体智能现象 (6学时)	蚁群的智能 (2学时)	通过视频或实际观察了解蚁群觅食、搭建桥梁的过程，体会群体的智能表现
		蜂群的智能 (2学时)	通过视频或实际观察了解蜂群的巢址选择、寻找蜜源等活动，体会群体的智能表现
		其他生物群体智能 (2学时)	通过视频或实际观察了解鱼群、鸟群的觅食、结队等活动，体会群体的智能表现
人机交互 (6学时)	人机交互基础 (4学时)	人与人的交流方式 (4学时)	(1) 能够在文本中识别出表示不同情绪、情感的词语 (2) 通过人脸的表情、肢体动作等识别人所表达的情绪或情感
	人机交互应用 (2学时)	体验人机交互 (2学时)	通过视频、参观等方式了解人机交互在工业、教育、文娱、体育、生活等方面的应用

2. 教学内容与达成目标设计说明

第一学段的教学内容包括8个模块，涉及目前人工智能领域最核心的知识内容。本学段内容的选取侧重智能现象，目的是让学生们通过对智能现象的观察、讨论，了解人工智能的一些基本概念并初步建立人工智能思维,为后期体验人工智能技术及智能产品打下良好的基础。下面对各个模块的教学内容与达成目标的设计思路进行阐述,以供教学人员、教材与教具开发人员参考。

(1) 人工智能概述模块

人工智能源于对自然智能的模拟,因此本学段本模块要学习的重点内容是体会智能的概念和了解自然智能的表现。通过对这些内容的了解,能够在后期明确人工智能所要达到的目标、可能的途径和方法。对智能概念的理解,可以引导学生通过智能的外在表现来逐步加强认识。自然智能可分为个体智能和群体智能。对于个体智能,可以对比不同生物的自然表现,例如不同的生物有着一些相同的、最基本的生存能力特点,但在记忆、联想、识别、语言、推理和环境博弈等方面的能力有着较大差异,通过对这些现象的观察和了解,体会和认识智能所包含的内涵与范畴。对群体智能的表现,可以引导学生观察社会性生物群体所表现出的能力与个体能力的差异,例如蚁群、蜂群、鱼群、人群等,观察社会分工与合作对群体能力提升的影响,体会群体智能的概念。

综上,学生即可对智能的概念有一定的了解和认识,并自然而然地接受这样的概念:如果我们人类设计的工具也能呈现出与自然智能相类似的表现,这就是人工智能。至于采用什么技术来实现人工智能,会在后面的模块中逐一展开介绍。

(2) 智能工具与社会伦理模块

本模块与上一模块所涉及的"人工智能"概念密切相关。通过大量人造工具予以学生直观的体验,展示当今时代人类所创造的工具体现了哪些智能的特点。本学段应选择与学生的生活、学习密切相关的应用场景和智能产品进行体验和开展实践活动,例如智能手机、智能门禁、智能翻译软件、智能音箱等。在此基础上增强学生的辨识能力,即能够区分典型的智能产品与非智能产品。通过本模块的教学,使学生进一步增强对智能概念的深入理解,对人工智能技术在生活中的应用以及相关载体有进一步认知,同时了解各种常用的智能工具,知道一些较成熟的智能技术,从而激发学生利用人工智能技术改善生活质量的兴趣和动力。

此外,本模块还应讨论大量智能工具的使用会给人类带来何种影响,以及人类应该如何实现人机融合发展。

(3) 机器感知模块

本模块首先需要阐明智能机器感知环境信息与自身状态信息靠的是各种传感器,这些传感器的作用与人体的各种感觉器官十分类似,可以通过与人体感觉器官对比的方式进行教学。可以请学生描述自身的感觉器官和作用,了解什么是"感觉",在此基础上,引导学生通过感觉产生后会引起认知、判断、情绪等经历来认识"知觉"。以上这些内容需通过易于开展的实践活动来完成,例如展示图片、播放音乐或唱歌、感知自然界等。教学的重点在于启发学生对"感"的理解,并使学生通过对"感"与"知"的体验来初步了解"感知"的概念。在以上人体感知的基础上引入"机器感知"就相对自然。这部分内容可以通过生活中常见的一些工具来切入,例如感应灯、测温枪、智能手机等,引导学生探究这些工具如何感知,从而了解和认识一些常用传感器的名称和用途,例如测体温的温度传感器、声控灯中的声音传感器、汽车倒车时的距离传感器、测体重的压力传感器、路灯中的光敏传感器。以上现象人们在日常生活中或多或少会有所接触,易于理解。

(4) 机器认知模块

这部分重点阐述"知"的部分。人们在认识与改造客观世界的过程中获得各种各样的知识,主要依赖于人的认知能力。认知能力是指人脑加工、储存和提取信息的能力,即我们一般所讲的智力,如观察能力、记忆能力、分析能力等。在个体智力发展的初级阶段,一般是先识别出各种不同的事物。因此,在本学段的机器认知模块中,从识别的基础开始,包括单纯环境下对事物的认知和复杂场景中对事物的认知。单纯环境下对事物的认知是指环境中仅有某一种事物,如何识别该事物为何物?例如,"这是花""这是树"。而在复杂场景中对事物的认知需要将事物与事物进行区分,还需要认识到事物与环境的关系。例如,如何在真实环境中区分不同的事物以及相互的位置关系?如何明确句子中哪些字组成了一个词,以及一个字在句子中的读音和含义?

对单纯环境下事物的认知是所有认知的基础,而认知的关键是对"特征"的提取。因此,本模块包括两个重要内容:一是特征提取和特征表示;二是识别的层次结构。

在"特征提取和特征表示"这一部分,主要是了解单纯环境下如何对事物进行识别,引导学生理解"特征"的概念。特别是考虑在人工智能应用场景中,机器视觉占有较大比重,因此了解事物的"视觉特征",如颜色、形状、大小等是本学段的重点。以上内容的教学可通过生动有趣的实践活动进行,例如"猜谜语""你说我猜"等收集各种事物的图片或者标本进行观察归类的游戏。

在"识别的层次结构"这一部分,选用语音识别和图像识别的内容,该内容也将在后续学段逐步深入,本学段应选取适合该学段学生认知能力和知识储备的内容。例如,在语音识别中,考虑学生在一年级已经学习过拼音,引入的教学内容可以是了解语音识别中的语音单元,即音素、音节;在图像识别中,引入的教学内容可以是了解图片中前景、背景的概念,这与学生低年级语文课"看图写话"中所要求的观察图片能力相匹配。

(5) 机器学习模块

本模块是人工智能的核心内容,因此在 4 个学段都占有较大比重。考虑其具有一定的学习难度,建议在本学段的三年级开始实施教学,且内容与案例的选取和教学方式应尽量形象直观。本模块包括 4 个重要知识点:一是人类学习与机器学习,二是机器学习的环境(数据),三是机器学习方法,四是机器学习应用。

"人类学习与机器学习"部分重点了解什么是学习,人类有哪些学习方式。学生通过在学校一段时间的学习,已经有了一定的学习经验,也实践过多种学习方式,因此,可以通过自己的亲身经历与经验来理解学习的概念。教师可以给出多种学习方式,如观察、示教、提问、实践、实验以及根据经验来学习,或者由学生自己讨论总结。基于对人类学习的分析与类比,自然地引出机器学习的概念和本质,并通过示例进行演示。

"机器学习的环境(数据)"部分与人类学习中的学习材料相对应,学习材料的质量、数量都将直接影响学习效果。本学段中机器学习的"数据"主要以直观的方式展示,例如非数字化形式的原始图片、音频等。除了数据的形式之外,重点要了解数据标签的概念。例如图片的说明信息、歌曲的名称/风格、几何图形的名称等,这些都是数据的标签。此外,还要了解标签的作用以及能够在软件平台上创建带有标签的数据(数据形式多采用图片方式,标签是其类别)。在此基础上要了解数据的质量对机器学习效果的影响,例如,数据样本集中只侧重某类型数据,数据中含有错误的标签,以及数据量的多少都会对学习效果产生影响。这一部分建议放在三年级下学期,与数学学科中的柱形统计知识相结合进行教学。如果条件具备,建议这些内容让学生自主操作,若条件受限,可由教师示教操作或演示实验结果,要注意鼓励学生观察和讨论实验现象,加深其对数据的理解。

"机器学习方法"部分选择了学生学习过程中最常用的"监督学习"方式(又称"有导师的学习"),可以通过日常的学习活动以及程序示例进行理解,重点是要将"标签"与"监督"进行联系。教学过程中应避免涉及具体的学习算法,重点是了解"监督学习"的方式和过程。

"机器学习应用"部分可通过图像识别、语音识别的常见应用场景了解机器如何通过"学习"具备了类似人的认知能力。这一学段的任务是建立"机器学习"的基本概念,明确"机器学习"在人工智能中的作用,了解学习环境即"数据"对学习效果的影响,并能够利用相关的开放平台建立简单有标签的数据集。

(6)人工神经网络模块

人工神经网络是机器学习的一种重要实现方式。近年来,深度学习研究与应用方兴未艾,为强调该部分内容,将人工神经网络内容单独划分为一个知识模块。本学段主要从科普的角度介绍人工神经网络的生物学基础,包括大脑的结构和功能,特别是了解大脑的分区和神经系统。这一部分有别于初中生物学课程中的相关内容,仅是让学生初步了解大脑的神经系统在感知、认知以及控制我们的身体和思想方面的重要作用。

(7)群体智能与进化智能模块

群体智能是我国《新一代人工智能发展规划》中的重要内容。前面所涉及的人工智能主要是指个体智能,在人工智能概述模块中提到的群体智能将在本模块展开介绍。本学段的学习任务主要是观察大自然中的群体智能现象,例如蚁群工作时的分工与协作、蜂群寻找蜜源过程中的通信联络等智能活动。通过这些生动的例子学生可以体会到:虽然每个个体的能力微不足道,但通过简单的个体行为规则,整个群体能够表现出令人惊叹的优化智能,这一现象为人们解决复杂问题提供了很好的启发和借鉴。

(8)人机交互模块

人机交互的目标是使得人和机器之间能够像人与人之间那样自然交流。例如,让机器使用人类自然语言与人进行交流,自动识别人的表情、辨别人的情感,利用社会文化习俗知识对人类行为的意图进行推断,等等。在实现此目标之前,首先需要对人与人之间如何交互有一定的理解。本学段的学习内容可以结合语文课中的词语学习,分析句子中的词语所表达的人类情感,还可以根据人的表情、肢体动作来分析人的情感,从而了解人与人交流的方式。

二、第二学段（小学 4～6 年级）

1. 教学内容与达成目标概览

第二学段的教学内容及建议达成目标如表 2 所示，建议学习时间为 65～73 学时。

对于未学习过第一学段教学内容的学生，建议本学段适当补充以下模块的知识内容。

模块二：智能工具的基本概念。

模块四：特征的概念。

模块五：监督学习方式。

表 2　第二学段的教学内容及建议达成目标

知识模块	知识点	知识细分	建议达成目标
人工智能概述（5～7 学时）	自然智能与人工智能（1 学时）	自然智能（0.5 学时）	理解自然智能是以生物脑为载体的智能
		人工智能（0.5 学时）	理解人工智能是以计算机（电脑）为载体的智能
	人脑与计算机（2～4 学时）	计算机的功能（1 学时）	(1) 体验计算机的日常使用功能，例如文档的编辑与存储、网页搜索功能的使用、软件的下载与安装等 (2) 说一说计算机在编辑、存储、搜索等方面的优势和劣势
		人脑和计算机的不同表现（1～3 学时）	(1) 了解人类的多元智能表现，例如言语智能、数理逻辑智能、视觉空间智能、音乐韵律智能、身体运动智能、人际沟通智能、自我认识智能、自然观察智能等，树立积极的智能发展观 (2) 举例说明人脑和计算机在处理信息时的不同表现，能够对产生的原因做出探索性分析 (3) 知道"图灵测试"
	智能化时代（2 学时）	智能化技术应用（2 学时）	(1) 了解时代发展变化的表现、智能化时代的特点，以及智能化时代与以往时代有哪些不同 (2) 能够举例说出生活中的人工智能应用，例如智能音箱、智能手表、智能空调等如何体现智能 (3) 了解并举例说明智能化技术的主要应用场景 (4) 能够对生活中的场景提出人工智能应用的设想和想象

续 表

知识模块	知识点	知识细分	建议达成目标
智能工具与社会伦理（4学时）	智能工具的功能与应用场景（2学时）	图像识别产品及应用场景（1学时）	能列举至少2种生活中常见的图像识别产品及应用场景
		语言识别产品及应用场景（1学时）	能列举至少3种生活中常见的语音识别产品及应用场景
	AI与社会伦理（2学时）	AI系统的偏见现象（2学时）	观察和了解AI系统进行决策时是否存在偏见现象，例如新闻推送的偏好选择，聊天机器人出现的语言偏见、性别偏见等，了解如何设计更好的AI系统
机器感知（10~16学时）	生物感知（2学时）	人体感知系统（2学时）	（1）了解人体的感觉机制 （2）了解人体的感觉系统组成 （3）了解人类的各种感觉传递信息所占的不同比重和作用 （4）了解人体的各个感官如何协同工作
	机器感知系统（2~4学时）	传感器基础（1~2学时）	（1）理解传感器的定义，知道传感器是一种检测装置 （2）能区分内部传感器和外部传感器，知道其用途 （3）了解机器人视觉传感器、听觉传感器、嗅觉传感器、味觉传感器和触觉传感器的基本用途和工作过程 （4）初步了解多传感器信息融合在机器感知中的重要意义
		机器感知模型和工作过程（1~2学时）	了解机器感知系统的模型、组成要素以及基本工作过程
	机器感知应用（4~6学时）	机器视觉（2~4学时）	（1）了解机器视觉的基本概念 （2）了解机器视觉的基本任务 （3）了解人类、其他生物以及视觉传感器感知的范围和局限 （4）了解图像在计算机中的存储方式和形式 （5）了解图像处理在机器视觉中的作用
		机器听觉（2学时）	（1）了解机器听觉的基本概念 （2）了解机器听觉的基本任务 （3）了解声波的分类，人类、其他生物以及听觉传感器感知声音的范围和局限
	其他传感器（2~4学时）	日常用传感器智能场景应用（2~4学时）	（1）了解温度传感器的测量范围和智能场景应用 （2）了解压力传感器的测量范围和智能场景应用 （3）了解超声波测距传感器的测量范围和智能场景应用

续 表

知识模块	知识点	知识细分	建议达成目标
机器认知 (6学时)	模式识别 基本概念 和任务 (2学时)	模式识别概念 (1学时)	了解模式识别的基本概念和基本流程
		模式识别任务 (1学时)	了解主流模式识别任务
	分类和 分类算法 (2学时)	分类的概念 (1学时)	了解分类的基本含义和模式匹配
		分类任务 (1学时)	了解现实中的具体分类任务
	识别的 层次结构 (2学时)	语音识别： 声音到字 (1学时)	了解语音识别的第一步：如何从声音信号转换到候选字
		图像识别： 遮挡/缺损情况 (1学时)	了解在复杂场景中识别对象时需要考虑遮挡/缺损的影响
机器学习 (16学时)	人类学习与 机器学习 (2学时)	学习的本质 (2学时)	(1) 了解大脑的可塑性 (2) 了解认知心理学家对学习的定义 (3) 了解人工智能学者西蒙对学习的定义
	机器学习的 环境(数据) (4学时)	建立合适 的数据集 (2学时)	(1) 能够使用表格、软件平台等方式建立有标签的数据集 (2) 能够建立一个分类问题的数据表格
		数据集 特性与要求 (2学时)	(1) 能够对已有的数据集进行一定的分析，根据数据的统计分布判断它是否存在明显的偏差 (2) 能够通过检查数据特征和标签，对有偏差的数据集初步分析偏差产生的原因 (3) 能够通过已有的较为广泛使用的数据集了解数据分布的多样性
	机器学习方法 (2学时)	强化学习过程 (2学时)	(1) 通过示例程序演示并体验计算机通过尝试和错误来学习，体会强化学习的特点 (2) 了解强化学习的基本含义，了解它与经验学习的联系
	机器学习 模型与算法 (2学时)	决策树的构建 与数据模式 (2学时)	(1) 了解什么是决策树 (2) 能够根据规则构建用于分类的决策树 (3) 了解决策树中节点的含义，以及其与特征和数据中模式的关系 (4) 初步了解机器学习中的模型、参数等术语的含义

续 表

知识模块	知识点	知识细分	建议达成目标
机器学习 （16学时）	机器学习模型训练、预测与评估 （2学时）	机器学习模型的基本实现过程 （2学时）	（1）了解训练集和测试集 （2）了解什么是训练，区分训练模型和使用训练好的模型有何不同 （3）了解模型的使用，用学习后的模型预测新输入的输出，分析其准确性 （4）能够根据预测效果对数据的质量或者数量进行简单分析，提出改进意见
	机器学习应用 （4学时）	图像识别 （2学时）	（1）体验智能电子设备人脸识别等的设置过程，体会机器学习的过程 （2）体验智能电子设备指纹识别等的设置过程，体会机器学习的过程
		语音识别 （2学时）	（1）了解语音识别的任务，例如识别出对应文字、情绪、性别、口音、年龄等 （2）了解语料库的作用 （3）在软件平台上实践语音识别模型的训练
人工神经网络 （8学时）	生物神经网络 （3学时）	生物神经元的组成 （1学时）	熟悉生物神经元的基本结构和功能
		生物神经网络的构成 （1学时）	了解生物神经网络的构成
		影响大脑功能的因素 （1学时）	（1）了解神经元连接的不同是人与人之间区别的主要原因 （2）了解生物神经网络的鲁棒性等特点
	人工神经网络模型基础 （3学时）	神经元模型 （3学时）	（1）了解神经元的图解模型 （2）了解用语言描述的神经元 M-P 模型 （3）了解单个神经元的输入输出计算过程（阈值型）
	前馈神经网络 （2学时）	阈值型单层神经网络模型 （2学时）	（1）了解人工神经网络和人脑生物神经的相似点 （2）了解阈值型单层神经网络（例如1～3个输入，单输出，无隐层）的结构 （3）说明1～3个神经元的神经网络如何计算输出（阈值型）

续表

知识模块	知识点	知识细分	建议达成目标
知识表示与推理（6学时）	知识概述（1学时）	知识的概念（1学时）	(1) 了解知识的概念，说一说生活中的知识及其用途 (2) 了解什么是人造知识分子
	知识的分类（2学时）	知识的类别（0.5学时）	了解知识的主要类别
		事实性知识（0.5学时）	能够举例说明哪些知识属于事实性知识，如何掌握该类知识
		概念性知识（0.5学时）	能够举例说明哪些知识属于概念性知识，如何掌握该类知识
		程序性知识（0.5学时）	能够举例说明哪些知识属于程序性知识，如何掌握该类知识
	知识表示（3学时）	事实性知识表示（1学时）	能够对所掌握的事实性知识进行一定的结构化描述（可参考规则或创意设计）
		概念性知识表示（1学时）	能够对所掌握的概念性知识进行一定的结构化描述（可参考规则或创意设计）
		程序性知识表示（1学时）	能够对所掌握的程序性知识进行一定的结构化描述（可参考规则或创意设计）
群体智能与进化智能（6学时）	生物群体智能、进化现象：群体行为分析（2学时）	个体行为分析（0.5学时）	了解在执行某一任务时，某种生物群体如蚁群中个体的行动和表现
		个体间交互行为分析（0.5学时）	了解某种生物群体如蚁群在执行某一任务时，个体与个体之间交互的行动和表现
		智能涌现现象（1学时）	利用开放软件平台观察个体行为和通信行为改变时对涌现的群体智能的影响
	优化问题（2学时）	简单优化问题（2学时）	(1) 能够举例说出生活中的一些优化问题 (2) 能够结合数学课相关内容认识简单优化问题的数学模型 (3) 初步了解优化的概念、优化的目标，以及影响优化目标的因素
	蚁群算法（2学时）	蚁群算法演示（2学时）	(1) 了解蚁群觅食的过程以及其给人的启发 (2) 通过实验平台了解蚁群算法的优化过程

续 表

知识模块	知识点	知识细分	建议达成目标
人机交互 (4学时)	人机交互基础 (2学时)	人与人的交流 (1学时)	了解人与人相互交流理解的综合方式:语言、表情、肢体动作的综合判断结果
		了解人机交互的概念 (1学时)	(1) 了解人机交互的定义 (2) 了解人机交互中"人"的范畴 (3) 了解人机交互中"机"的范畴 (4) 了解人机交互中"交互"的范畴
	人机交互应用 (2学时)	人机交互应用分析 (2学时)	分析人机交互中智能手机、智能家电等产品的优点和缺点

2. 教学内容与达成目标设计说明

第二学段是小学中高年级阶段,教学内容包括全部9个模块。考虑这个年龄段的学生逻辑思维能力虽有较大发展,但仍处于具象思维阶段,因此,本学段的教学特点是,尽量用自然语言深入浅出地描述和解释经典的人工智能技术及算法的"道理",避免采用数学语言来阐述人工智能技术及算法的"技术原理"和"数学方法"。本学段要注重培养学生初步的探究能力,透过现象挖掘本质,为第三、四学段逐步采用抽象数学语言学习人工智能打下基础。下面对各个模块的教学内容与达成目标的设计思路进行阐述,以供教学人员、教材与教具开发人员参考。

(1) 人工智能概述模块

在第一学段,学生已经初步了解"智能"的概念以及自然智能的表现和内涵。本学段侧重人工智能技术的实现基础和主要用途。关于"人脑与计算机"部分,应着重对比人脑与计算机在处理各类信息时有哪些不同的表现。例如,"阿尔法狗"为什么能完胜世界围棋冠军?智能扫地机器人为什么经常出现一些"智障"行为?让学生通过耳熟能详的例子讨论计算机处理信息的特点,并引导学生对其背后的原因进行深入的分析讨论。关于"智能化时代"部分,建议重点介绍人类创造的工具和技术如何随着生产力的发展和时代的变迁而不断演变,引导学生观察进入智能化时代后人们的生活方式与生活质量如何与智能技术息息相关。在本学段,学生已经具备了一定的整体观念和逻辑思维能力,可以要求学生在对智能生活场景进行观察分析的基础上,开展充分的畅想和创意设计。例如,分析智能技术如何通过各种家用电器、机器人、手机等设备载体改变现有的生活方式,还存在哪些不尽如人意的地方,可以从哪些方面改进,建议引导学生采用图文形式给出设计方案。

(2) 智能工具与社会伦理模块

本模块包括两个知识点。关于"智能工具的功能与应用场景"知识点,本学段的教学内容建议聚焦于图像识别和语音识别产品及应用场景。因为这两类智能产品目前应用范围最广,也最成功,生活环境与兴趣爱好不同的学生都容易找到自己感兴趣的应用场景。例如,图像识别应用场景中的人脸支付、自动阅卷、拍花识别、车牌识别、医学影像识别,语音识别中的翻译机、智能客服、语音输入法等,这类应用在生活中比较常见,在大量的网络信息中也常看到。学生可以通过对智能产品及其应用场景的观察、描述,加强对智能的认识,这也为学习后面的机器感知、机器认知和机器学习模块奠定了基础。

关于"AI与社会伦理"知识点,本学段学生需要了解:AI系统虽然是机器系统,但并不代表客观无偏。教学重点是观察和了解AI系统进行决策时存在的偏见现象,例如新闻推送的偏好选择,聊天机器人出现的语言偏见、性别偏见等,从而为设计更好的AI系统找到改进方向。

(3) 机器感知模块

在第一学段,学生已经初步了解了"感"与"知"的概念,对人体的感觉器官和作用有了一定了解,对生活中的传感器也有了一定认知。在此基础上,本学段的重点有3个:一是了解人体的感觉机制和感觉系统,通过对比了解机器感知系统的组成,建立"系统"的概念;二是对传感器的定义和实体加深认知;三是对机器感知的应用(如机器视觉和机器听觉)有进一步的认识。在知识点的安排上,首先从系统的角度了解人体的感觉机制和感觉系统,通过与人体感觉系统进行类比,引导学生思考建立机器感知系统应考虑哪些组成要素。通过了解各种感觉传递信息的占比,以及人类个体的信息处理偏好,初步探索设计一个机器感知系统时如何对传感信息进行利用。例如,分析"端茶送水"服务机器人的感知系统应该装有哪些传感器,机器人在完成任务的过程中如何综合利用多种传感信息进行动作规划。在学习知识点"机器感知系统"的过程中,重点了解常用传感器的基本知识。从第一学段对传感器作用的初步认知,到本学段学习传感器的定义,认识传感器实体,特别需要了解与人体的眼、耳、鼻、舌、皮肤5种感觉器官相对应的视觉传感器、听觉传感器、嗅觉传感器、味觉传感器和触觉传感器的基本用途和工作过程,了解仅记录传感器的信息是"感"而不是"感知",加入识别等功能才使得机器具有一定的"知"能力,并初步了解多传感器信息融合在机器感知中的重要意义。在知识点"机器感知应用"中,重点要让学生了解机器视觉和机器听觉的基本概念和基本任务,了解图像在计算机中的存储方式,以及机器视觉与机器听觉如何突破了人类的视听局限。此外,建议酌情介绍温度、压力、超声波等常用传感器的基本功能和应用。

(4) 机器认知模块

在机器认知模块中主要学习模式识别的基本知识。模式识别包括特征抽取、分类和聚类等核心内容,而特征是识别不同事物的基础。本学段在第一学段的基础上,开始引入一些相对抽象的概念,例如模式、模式匹配、分类等。学习的重点在于逐步建立模式识别的概念和了解基本流程:信息获取(传感器)→特征提取(信息处理)→判断(模式识别)。由于涉及的概念比较抽象,因此在教学中应选择学生熟悉的具体事物的模式识别与分类过程帮助学生理解。例如,给定水果的等级标准,根据水果的大小、色泽等特征判断其等级(分类)。

"识别的层次结构"这一知识点仍以语音识别和图像识别为切入点。关于语音识别,学生通过第一学段的学习已经了解了什么是音素和音节,本学段则需了解"从声音到字"。可以通过软件录制不同的学生读同一字的声音波形,或者同一学生读不同字的声音波形,让学生通过观察这些声音波形了解不同的波形与候选字之间存在着一定的对应关系。关于图像识别,学生通过第一学段的学习已经了解了前景和背景的概念,而本学段的图像更为复杂,例如图像中的物体可能存在遮挡或缺损等情况,这就需要模式识别技术具有一定的"联想"能力。这部分内容的学习重点在于,学生在体验语音识别和图像识别技术时,要引导他们思考科技工作者如何解决问题,例如,如何使声音波形与候选字一一对应,如何解决图像识别中的遮挡或缺损问题,等等。

(5) 机器学习模块

在第一学段,学生已经通过一些具体的实例对"学习"的概念和过程有了一定了解,本学段将逐渐引入一些抽象的概念,为构建机器学习的模型奠定基础。在"人类学习与机器学习"这一知识点中,强调人类大脑之所以能够学习,其根本原因在于大脑的神经元连接是可塑的。因此,建立一种具有学习能力的机器模型,其关键在于模型中的参数能够随着学习内容的变化和学习时间的增加而发生改变。建立机器学习模型的参数会根据学习内容不断调整是本学段要实现的主要教学目标。为了深化学生对学习过程和功能的理解,引入认知心理学家和人工智能学者西蒙对学习的定义,目的是通过学习的要素来分析实现学习功能和过程应具备的条件。

后续的5个知识点包括机器学习的环境(数据),机器学习方法,机器学习模型与算法,机器学习模型训练、预测与评估,机器学习应用。关于"机器学习的环境(数据)",学生在第一学段中接触的是用图片、语音等具象数据构成的学习样本集。本学段将引入表格数据来表示学习样本,并以分类问题为例帮助学生理解学习样本集中的数据特征和标签,并使其能够按照一定格式建立样本数据集。鉴于学生在本学段已经具有一定的逻辑思维能力,因此要分析数据质量这一学习环境因素对学习效果的影响,了解合适的数据集应具备哪些特性。关于"机器学习方法"这一知识点,学生已经在第一学段学习了最常见的监督学习概念,这是一种有正确答案的学习过程,而现实中还存在大量只有奖惩结果的学习——强化学习。通过了解强化学习的特点,学生可以认识到人类正是通过不断的尝试和纠错来改善自身行为的。人类的学习是通过大脑来完成的,而机器的学习则是通过各种学习模型完成的。这些模型的"学习"过程是:根据某种学习算法对样本集的数据进行反复训练,从而自动发现输入样本的数据与对应标签之间的内在关系,并通过不断调整模型的参数来对模型进行优化。在"机器学习模型与算法"知识点中,要引导学生建立这样的概念:机器的学习是通过反复训练实现的,机器通过训练学到的"知识"就是输入数据与对应标签之间隐含的内在关系。由于这一学段的学生尚未建立函数的概念,因此选择"决策树"这一形象直观的算法模型来解释机器的学习过程。决策树将一系列的分层判断按照树的形式进行组织,难点和重点在于了解决策树中节点的含义以及其与特征数据中模式的关系。"机器学习模型训练、预测与评估"这一知识点涉及如何利用构建好的学习模型对未知的输入样本(即没有标注标签的样本)进行输出预测,这里简单了解实现机器学习模型的过程,即模型建立、模型训练和模型预测,能够在给定模型的基础上,调用已有的学习算法和训练集来训练模型(无须了解学习算法细节,只需了解训练的概念和作用),并用测试集测试模型的性能。教师应引导学生观察模型预测的效果,通过预测效果分析模型存在的问题,并提出改进的设想或方向。对于"机器学习应用"知识点,应通过具体的应用场景和应用案例分析加深学生对机器学习目标和过程的认知。例如,手机的人脸解锁和指纹解锁都有一个设置过程,这就是一个学习样例的过程。再如,语音交互系统需要提前对大量语料进行学习,下棋软件需学习大量棋谱,等等。

(6) 人工神经网络模块

本模块首先介绍神经元的结构、连接方式以及生物神经网络的构成。学生须认识到,神经网络对信息的分布式存储和并行式处理方式使得大脑具有较强的容错性,部分神经元的损坏不会对大脑的功能造成影响。同样,在人工神经网络模型中适当地去除部分神经元也是可以接受的。对于"人工神经网络模型基础"知识点,学生在了解单个生物神经元结构和功能的基础上,需理解人工神经元的图解模型以及用语言描述的 M-P 模型,知道输入、输出、净输入、阈值等术语。在采用阈值型转移函数的单个神经元模型中,主要运算是加减乘、比较运算和分段输出,因此适合该年龄阶段学生学习。学习重点是通过对单个神经元结构和功能以及简单的输入与输出计算的学习,了解人工神经网络作为一种模型,能够对输入的信息进行处理。该计算的实现可放在某个具体应用场景下进行,例如单输入单输出应用场景〔根据电影评分(输入)判断是否去观影(输出)〕、多输入单输出应用场景〔根据天气情况(以气温、湿度、风力等作为输入)判断是否出游(输出)〕。

(7) 知识表示与推理模块

知识是人类在实践中认识客观世界(包括人类自身)的成果,也是构成人类智慧的基础,包括各领域各行业的事实、概念、规则或原则等。人造的智能系统除了需要具有感知、认知和学习能力外,也需要知识来为它赋能。知识的类型包括多种形式,例如概念性知识、事实性知识、程序性知识等,不同类型的知识其掌握方法也不尽相同。对知识进行恰当的组织和表示有助于人们掌握知识,例如符号、框图、思维导图等都是知识组织的形式。同样,对于人造系统,也需要对知识进行表示,进而才能实现推理。本学段首先了解人工智能领域知识的基本概念和常用表达方式。在"知识概述"知识点中,让学生对生活中经常遇到的知识有一个感性认识,初步建立知识的概念。在"知识的分类"知识点中,引导学生通过收集生活学习中不同知识类别来了解知识的多样性以及不同知识的特点,例如事实性知识、概念性知识和程序性知识。正如人类在语言表达、肢体表达方面有许多约定俗成的规则,知识的表达也需要遵守某些规则。此外,知识存储于人脑中和书本上,若能被计算机使用,必须首先在计算机中存储和表示。为了达到这一目标,需要对知识的结构化表示有一定了解,这就是"知识表示"知识点中需要学习的内容,建议发挥学生创造力,参考已有规则,自行设计规则对知识进行表示。学习的目的不仅是了解现有的规则,更需建立如下意识,即建立人造知识系统时需要对知识进行一定的规则化表达。

(8) 群体智能与进化智能模块

第一学段侧重观察现象,了解生物群体的智能表现。本学段则从细节上观察生物的群体智能,包括个体的行为、个体之间的交互,可通过软件平台如 NetLogo 等观察个体行为和通信行为改变时对群体智能行为的影响。人工智能领域涉及的群体智能是通过借鉴生物群体中的个体行为规则而实现的,目的是解决无法建立数学模型的复杂优化问题。因此,本学段的学习要初步建立优化的概念,引导学生列举生活中遇到的优化问题,以及结合数学课中的相关内容认识简单优化问题的数学模型。例如,对于给定的目的地如何选择出行路线最节省时间,对于给定的团队任务如何分工效率最高,等等。由于本学段学生尚未建立函数的概念,因此不对优化算法进行数学描述,只需初步了解优化的概念、优化的目标,以及影响优化目标的因素。关于对群体智能算法的学习,建议以"蚁群算法"为例进行分析讲解。首先了解蚁群觅食的过程,引导学生思考蚂蚁个体行为和通信方式在觅食过程中的作用,以及对我们有哪些启发,然后,通过实验平台了解蚁群算法的优化过程,特别是观察参数变化对优化的影响。

(9) 人机交互模块

首先要引导学生认识到,人与人之间的沟通、交流和理解往往是语言、语气、表情、肢体动作的综合作用,这正是人机交互的难点所在。此外,要介绍人机交互的基本概念、人机交互的定义、"人"与"机"的范畴,以及"交互"的含义。建议通过各种实践活动体验人机交互的方式,分析智能手机、智能家电等产品在人机交互时的优点和缺点。

三、第三学段（初中 1~3 年级）

1. 教学内容与达成目标概览

第三学段的教学内容及建议达成目标如表 3 所示，建议学习时间为 72~76 学时。

对于首次学习人工智能课程的学生，建议本学段适当补充以下知识内容。

模块一：现有智能化技术的应用水平。
模块二：智能工具的基本概念。
模块三：人体的感觉器官与感知系统。
模块四：模式识别的基本概念和任务。
模块五：人类的学习方式、学习的本质。
模块七：知识的概念和分类。

表 3　第三学段的教学内容及建议达成目标

知识模块	知识点	知识细分	建议达成目标
人工智能概述 （4 学时）	自然智能与 人工智能 （1 学时）	人工智能的 基本概念 （1 学时）	了解人工智能的经典定义
	人脑与计算机 （1 学时）	人脑信息处理 （0.5 学时）	(1) 了解人脑的基本结构 (2) 了解人脑的信息处理过程 (3) 了解人脑的信息处理特点
		计算机信息处理 （0.5 学时）	(1) 了解计算机的基本结构 (2) 了解计算机的信息处理过程 (3) 了解计算机的信息处理特点
	人工智能的 发展简史 及仿智途径 （2 学时）	人工智能的 发展简史 （1 学时）	(1) 了解人工智能发展史的几个重要时期 (2) 了解人工智能发展史的若干重大事件 (3) 了解目前人工智能发展的阶段和水平
		仿智主要流派 及其特点 （1 学时）	(1) 了解连接主义流派的主要特点与代表成果 (2) 了解符号主义流派的主要特点与代表成果 (3) 了解行为主义流派的主要特点与代表成果

续 表

知识模块	知识点	知识细分	建议达成目标
智能工具与社会伦理（4~5学时）	工具的演化历史（1学时）	人类工具的演化历史（1学时）	了解人类社会不同时代的常见工具以及工具的能力水平
	智能工具的功能与应用场景（2学时）	智能工具的功能（1学时）	了解现有智能工具或技术的功能
		智能工具的应用（1学时）	能够设计智能工具简单的场景应用
	AI与社会伦理（1~2学时）	AI系统偏见产生的原因（1~2学时）	分析AI系统偏见产生的原因，例如数据驱动偏见、交互偏见、突发性偏见、相似性偏见、冲突性目标偏见
机器感知（9~10学时）	机器感知系统（2学时）	模拟信号（0.5学时）	(1) 了解模拟信号的概念 (2) 了解常见的模拟信号 (3) 了解模拟信号的传输和存储
		数字信号（0.5学时）	(1) 了解数字信号的概念 (2) 了解常见的数字信号 (3) 了解数字信号的传输和存储
		模/数、数/模转换（1学时）	(1) 了解模拟信号和数字信号之间需要转换的原因 (2) 了解基本的A/D、D/A转换器的用途
	机器感知应用（4学时）	机器视觉（2学时）	(1) 了解数字图像的增强和复原操作，能够使用已有软件进行操作实践 (2) 了解数字图像的编码和压缩操作，能够使用已有软件进行操作实践 (3) 了解视觉感知任务，如人脸检测、面部表情识别、对象识别、障碍检测等
		机器听觉（2学时）	(1) 了解声波的采样 (2) 了解声波的量化和编码等预处理 (3) 了解听觉感知任务，如语音识别、音乐识别等
	其他传感器（3~4学时）	陀螺仪传感器（1学时）	(1) 了解陀螺仪的概念 (2) 了解陀螺仪的基本特性 (3) 了解陀螺仪的基本原理 (4) 知道陀螺仪的智能化场景应用情况
		加速度传感器（1学时）	(1) 了解加速度传感器的定义 (2) 了解加速度传感器的基本原理 (3) 知道加速度传感器的智能化场景应用情况
		多传感器融合（1~2学时）	(1) 了解多传感器融合的基本概念 (2) 了解多传感器融合系统的框架 (3) 能够举例说明智能机器如何通过多传感器融合进行工作，例如识别驾驶员状态等

续 表

知识模块	知识点	知识细分	建议达成目标
机器认知 (6学时)	特征提取 和特征表示 (1学时)	特征向量的概念 (0.5学时)	了解特征向量
		向量空间 (0.5学时)	了解二维、三维向量空间
	分类和分类 算法(2学时)	分类的数学意义 (0.5学时)	了解分类的数学意义
		线性可分 (0.5学时)	了解线性分类和线性可分
		分类算法 (1学时)	了解训练集,体验感知器分类算法
	聚类和聚类 算法(1学时)	聚类的概念 (0.5学时)	了解聚类的基本含义
		聚类任务 (0.5学时)	了解现实中的具体聚类任务
	识别的层次 结构(2学时)	语音识别: 从字到词 (1学时)	了解如何将字与字识别为词,了解较高级别表示中的信息可以用来解决语言抽象过程中较低级别中的歧义
		图像识别: 边缘检测 (1学时)	了解如何通过边缘检测的组合形成更复杂的特征检测
机器学习 (19学时)	人类学习与 机器学习 (1学时)	机器学习的 含义、内容 和应用(1学时)	(1)熟悉机器学习的基本含义 (2)了解机器学习研究的主要内容 (3)了解机器学习的主要应用
	机器学习 系统的构成 (1学时)	学习系统的 功能与 组成框架 (0.5学时)	(1)了解机器学习系统应实现的功能 (2)了解机器学习系统的组成框架
		学习系统的 组成要素 含义及功能 (0.5学时)	(1)了解组成要素环境的含义及功能 (2)了解组成要素学习环节的含义及功能 (3)了解组成要素知识库的含义及功能 (4)了解组成要素执行环节的含义及功能

续 表

知识模块	知识点	知识细分	建议达成目标
机器学习 (19学时)	机器学习的 环境(数据) (3学时)	建立数据集 (1学时)	(1) 了解数据集的基本概念以及样本、特征、标签的概念 (2) 熟悉表格所建立的数据集 (3) 能够理解表格中的行和列分别代表数据的哪些内容(个数、特征值、标签等) (4) 了解训练集和预测集
		数据的 量化编码 (1学时)	(1) 了解数据的量化编码方式 (2) 通过实验观察不同量化编码方式对模型预测的影响
		数据集特性 与要求(1学时)	(1) 复杂数据中的标记问题(图像的分割与标记) (2) 大数据中的标记问题以及产业化 (3) 能够理解数据中的偏差如何对分类器的预测行为造成影响
	机器学习 方法(3学时)	强化学习与 监督学习过程 (1学时)	(1) 从学习过程上比较强化学习和监督学习的不同 (2) 从反馈信号上比较强化学习和监督学习的不同
		无监督学习 (2学时)	(1) 了解聚类学习的基本含义 (2) 了解无监督学习采用的数据形式 (3) 了解无监督学习如何从未标记的数据中发现模式 (4) 从样本数据及算法原理角度了解无监督学习和监督学习的不同
	机器学习 模型与算法 (3学时)	学习算法的 基本概念 (1学时)	(1) 了解什么是学习算法 (2) 了解学习算法的功能 (3) 了解什么是训练,区分训练模型和使用训练好的模型有何不同
		线性回归 (1学时)	(1) 了解线性方程的几何意义 (2) 了解线性回归分析 (3) 了解线性回归中的参数意义
		决策树 (1学时)	(1) 熟悉决策树的结构 (2) 熟悉决策树的功能 (3) 了解ID3、C4.5或CART中一种算法的思想
	机器学习 模型训练、 预测与评估 (2学时)	步骤1: 数据的准备	(1) 能够进行数据集划分,建立训练集和预测集 (2) 会使用软件对数据集进行归一化预处理
		步骤2:模型的 选择和初始化	(1) 了解决策树和神经网络等模型擅长的领域,并根据问题进行选择 (2) 能够对模型进行初始化

· 37 ·

续 表

知识模块	知识点	知识细分	建议达成目标
机器学习 （19学时）	机器学习模型训练、预测与评估 （2学时）	步骤3：模型的训练	了解如何在软件平台或编程设置决策树或神经网络等模型的基本训练参数
		步骤4：模型的预测	能够采用训练好的模型进行预测
		步骤5：模型性能的评估与改进	（1）能够对预测结果做出统计分析，例如均方误差、准确率等 （2）能够对评估结果做出一定分析
	机器学习应用 （6学时）	图像识别 （2学时）	（1）可用软件平台或编程实现图像的获取、存储、读取 （2）可用软件平台或编程实现图像特征的提取 （3）可用软件平台或编程实现机器学习模型的训练 （4）可用软件平台或编程实现机器学习模型的预测和评估
		语音识别 （2学时）	（1）可用软件平台或编程实现声音波形的获取、存储、读取 （2）可用软件平台或编程实现声音特征的提取 （3）可用软件平台或编程实现声学模型的训练 （4）可用软件平台或编程实现声学模型的预测和评估
		自然语言处理：文本分类 （2学时）	（1）了解文本分类过程：文本预处理、特征提取、分类模型训练、结果分析 （2）可用软件平台或编程实现中文分词等文本预处理 （3）可用软件平台或编程实现文本特征提取 （4）可用软件平台或编程实现分类模型训练和结果分析
人工神经网络 （4学时）	生物神经网络 （1学时）	信息处理机制 （1学时）	（1）了解生物神经元中信息的产生、传输、接收和整合 （2）了解生物神经网络的信息处理特点
	人工神经网络模型基础 （1学时）	神经元模型 （1学时）	了解用公式描述的M-P模型
	前馈神经网络 （2学时）	阈值型单层神经网络 （2学时）	（1）熟悉阈值型单层神经网络的结构 （2）熟悉阈值型单层神经网络的输入节点与数据输入的对应关系 （3）熟悉阈值型单层神经网络的输出节点与数据标签的对应关系 （4）熟悉阈值型神经网络权值与数据模式之间的联系

续表

知识模块	知识点	知识细分	建议达成目标
知识表示与推理（6学时）	知识表示（2学时）	一阶谓词逻辑表示法（1学时）	了解一阶谓词逻辑表示法
		产生式规则表示法（1学时）	了解产生式规则表示法
	知识推理（4学时）	知识推理系统组成（1学时）	了解知识推理系统
		正向推理（1学时）	熟悉正向推理
		反向推理（1学时）	熟悉反向推理
		混合推理（1学时）	了解混合推理
群体智能与进化智能（12学时）	生物群体智能、进化现象：进化（1学时）	生物进化的现象（1学时）	(1) 了解地球最早的生物形态 (2) 通过视频了解地球上生物演化的过程，了解一些现存生物和远古生物的联系 (3) 了解生物进化与环境之间的关系，初步建立"适者生存"的思想
	优化问题（2学时）	优化的基本概念（1学时）	(1) 了解函数优化的概念和一些典型问题 (2) 了解组合优化的概念和一些典型问题
		最优化问题的3个基本要素（1学时）	(1) 了解优化目标 (2) 了解优化问题的解与方案的概念 (3) 了解约束条件的概念
	常规寻优方法（2学时）	梯度法（1学时）	(1) 了解梯度法寻优的基本思想 (2) 了解梯度法寻优的特点、应用范围和局限性
		枚举法（0.5学时）	(1) 了解枚举法寻优的基本思想 (2) 了解枚举法寻优的特点、应用范围和局限性
		随机法（0.5学时）	(1) 了解随机法寻优的基本思想 (2) 了解随机法寻优的特点、应用范围和局限性
	蚁群算法（2学时）	蚁群觅食启发（0.5学时）	(1) 了解蚁群觅食所反映的群体智能中的多样性概念 (2) 了解蚁群觅食所反映的群体智能中的正反馈概念 (3) 了解蚁群觅食所反映的群体智能中的寻优、最优解和次优解的概念
		蚁群算法参数的意义（1学时）	(1) 理解种群参数的意义，并能够在软件平台中根据问题调整实验参数 (2) 了解感知范围和环境信息，并能够在软件平台中根据问题调整有关实验参数 (3) 了解觅食规则、移动规则、避障规则、信息素规则，并能够在软件平台中根据问题调整有关实验参数
		蚁群算法的特点和应用（0.5学时）	(1) 了解蚁群算法的特点 (2) 了解蚁群算法的应用

续 表

知识模块	知识点	知识细分	建议达成目标
群体智能与进化智能（12学时）	多智能体系统（2学时）	智能体（1学时）	(1) 了解智能体的提出和概念 (2) 了解智能体的特性，例如自治性、社会性、反应性和预动性 (3) 了解实现智能体的方式
		多智能体系统的概念和组成（1学时）	(1) 了解多智能体系统的基本概念 (2) 了解多智能体系统的基本组成 (3) 了解多智能体系统的应用，例如无人机群
	遗传算法（3学时）	进化论和基因学的启发（1学时）	(1) 了解遗传的作用 (2) 了解变异的作用 (3) 了解自然选择的作用 (4) 了解基因的作用和功能 (5) 了解基因杂交和基因突变的影响和作用
		遗传算法的基本原理（2学时）	(1) 了解染色体编码与问题解的对应关系 (2) 了解种群和个体的概念 (3) 了解遗传算法中的选择作用 (4) 了解交叉和变异操作 (5) 通过算例演示遗传算法的寻优过程
人机交互（8～10学时）	人机交互基础（2学时）	人机交互技术的发展历史（1学时）	(1) 了解早期手工作业阶段的人机交互方式 (2) 了解作业控制语言及交互命令语言阶段的人机交互方式 (3) 了解图形用户界面(GUI)阶段的人机交互方式 (4) 了解网络用户界面中的人机交互方式
		人机交互技术的发展现状和趋势（1学时）	(1) 了解当前处于多通道、多媒体的智能人机交互阶段，了解多种交互的方式，如触觉交互、眼动交互、语音交互、动作交互等方式 (2) 了解"自然交互"的核心理念
	自然语言处理（2～4学时）	自然语言处理目标、任务及应用（1～2学时）	(1) 了解自然语言处理研究的目标 (2) 了解自然语言处理的核心任务：自然语言理解和自然语言生成 (3) 了解自然语言处理技术的应用场景，例如机器翻译、字符识别、语音识别及文语转换、信息检索、信息抽取与过滤、文本分类与聚类、舆情分析、观点挖掘、问答系统等
		自然语言处理技术的实现过程（1～2学时）	了解基于传统机器学习的自然语言处理技术的实现过程：语料预处理→特征工程→选择分类器

续 表

知识模块	知识点	知识细分	建议达成目标
人机交互 (8~10学时)	语音交互 (2学时)	语音交互的 概念和流程 (1学时)	(1)了解语音交互的概念 (2)了解语音交互的流程和要素；声学语音分析、自然语言理解、做出反馈、语音合成输出
		语音交互的 优劣势、 适用范围 及趋势(1学时)	(1)了解语音交互的优势 (2)了解语音交互的劣势 (3)了解语音交互的适用场景及原因，如家居、车载、企业、教育等 (4)了解语音交互的适用设备及原因，如平板电脑、电视、电灯等 (5)了解语音交互的发展趋势，例如免唤醒交互方式、多通道交互方式等
	人机交互应用 (2学时)	自然语言 交互应用 (2学时)	能够基于软件平台或编程实现一个简单的聊天机器人

2. 教学内容与达成目标设计说明

初中阶段（第三学段）包括全部 9 个模块。随着初中阶段学生逻辑思维与抽象思维能力的发展，本学段安排的学习内容逐步采用数学语言来阐述和表达人工智能的原理和方法，这也是实现人工智能的重要基础。涉及的主要数学知识包括平面直角坐标系、一次函数、方程等。本学段要引导学生进一步深入了解人工智能的核心技术及应用，提升学生的人工智能科技素养。下面对各个模块的教学内容与达成目标的设计思路进行阐述，以供教学人员、教材与教具开发人员参考。

（1）人工智能概述模块

人工智能概述模块首先强调人脑与计算机在信息处理方面的区别与类同之处。通过对两者信息处理能力的对比，指出现有计算机处理信息的优势与短板以及可能的智能化发展方向。其次引入人工智能的发展简史，使学生了解人工智能学科诞生的历史背景、发展的脉络、主要流派与成果，以及未来的发展方向。通过对人工智能三大流派的特点进行分析比较，引导学生思考未来人工智能的发展方向。

（2）智能工具与社会伦理模块

本模块从历史与生产力发展的视角阐述人类发明工具的演变过程（建议与初中历史课相关内容相结合），旨在使学生理解人类制造的工具随着生产力的发展而不断升级换代的发展规律。在能力与素养层面，本学段要引导学生对智能工具的应用场景进行创意设计，在设计时需考虑这些智能工具在进行决策时是否存在偏见，如何在设计中消除这些偏见。例如，在浏览新闻、收听网络音乐时是否存在同质性，在筛选简历时是否存在某种歧视。教师可以通过案例引导学生思考产生这些问题的原因，在智能系统设计中应做哪些方面的考虑。

（3）机器感知模块

前两个学段学生已经接触并了解了多种常用传感器。在此基础上，在机器感知模块首先学习信号的形式、采集、存储和转换，包括模拟信号、数字信号以及数模/模数转换器的用途。本学段的学生无须掌握信号的转换原理，但要了解从传感器到信号处理器（计算机）的信息传递过程。以上是"机器感知系统"知识点的内容。关于"机器感知应用"知识点，仍延续前两个学段的侧重点，聚焦于机器视觉和机器听觉。本学段将重点放在机器感知系统的内部，了解机器如何对视觉和听觉信号进行处理。在机器视觉方面，学生应了解视觉感知的应用有哪些（如人脸识别、水果分类、图片识别等），并能够使用相关软件对图像进行增强、复原、编码和压缩等预处理；在机器听觉方面，学生应了解听觉感知的任务有哪些（如说话人识别、语音识别），并能够对声音信号进行采样、量化和编码等预处理。此外，本模块还应介绍几种其他类型的常用传感器，如陀螺仪传感器、加速度传感器以及多传感器融合等，从而拓展学生在传感器类型、基本原理及应用方面的知识。上述内容的学习均从系统的外部功能延伸至系统的内部工作过程，与小学阶段的学习内容相比更加深入。

（4）机器认知模块

在机器认知模块开始尝试用数学语言来描述相关概念和方法，以便于之后用 Python 等语言编程实现。特征提取和特征表示在前两个学段都采用自然语言描述,而学生在初中阶段的数学思维能力已经可以支持在相关内容的教学中采用数学语言描述抽象的概念。例如,特征向量的数学表示及其在二维或三维空间中的几何意义等;再如,通过二维或三维空间中线性分类和线性可分的几何意义理解分类的概念及分类算法。本模块首次接触聚类的概念,学生应能够说明分类问题和聚类问题的主要特点,以及两者的训练样本集有何异同。关于"识别的层次结构"部分,在延续前两个学段内容的基础上进行更深层次的探索。例如,在语音识别层次结构中,第一学段结合拼音引入了音素的概念,第二学段建立了声音波形与候选字之间的联系,第三学段则要了解从候选字到词的确定。学生将逐渐认识到,字与词是由更高级别的词与词的关系或者上下文来确定的。在图像识别层次结构中,第一学段学生已经建立了前景和背景的概念,第二学段已了解到图像中的待识别物体会出现遮挡或缺损,并学习了图像在计算机中存储和表示的方式,第三学段则要涉及通过图像的边缘检测识别出物体的轮廓,为进一步进行物体分类奠定基础。

(5) 机器学习模块

机器学习模块的内容在第三学段的比例明显增加。学生在前两个学段的学习中已经初步建立了数据集的概念以及基本的机器学习流程,本学段将更系统地了解机器学习的完整流程。在"人类学习与机器学习"知识点中给出机器学习的基本含义和主要研究内容。在"机器学习系统的构成"知识点中了解机器学习系统的功能和组成框架以及对各个组成要素的要求,从而建立起较为完整的系统观念。在"机器学习的环境(数据)"知识点中,需要逐渐熟悉以表格形式存储的数据集,包括如何表示样本、特征和标签,为什么要对数据进行量化编码,如何构建复杂数据集和大数据集。学生将从了解简单数据集过渡到了解真实应用中的数据集。在"机器学习方法"知识点中,鉴于学生思辨能力的增强,可对监督学习和强化学习从学习过程及反馈信号方面进行更加深入的比较,从而加强对两种学习算法的理解。此外,还应介绍用于解决聚类等问题的无监督学习方法,要明确其样本数据及算法原理与监督学习的本质区别。"机器学习模型与算法"知识点涉及人工智能的重点和难点——学习算法。学生应重点了解的知识是:机器学习过程包括训练和工作两个阶段。在机器学习模型部分,建议重点学习线性回归模型和决策树模型,了解两种模型中参数的意义,并对决策树学习算法的基本思想有所了解。在"机器学习模型训练、预测与评估"知识点中,阐述一个完整的机器学习过程和步骤。建议这部分内容,结合之后学习的人工神经网络模块,通过软件平台开展综合实践环节,重点是对机器学习过程和步骤有整体认识,包括数据集与模型训练、预测及评估,理解模型参数的意义以及调整过程。在"机器学习应用"知识点中,建议以图像识别、语音识别和自然语言处理为例,以软件平台或者编程的方式进行完整流程的实践活动。通过开展恰当的实践活动,使学生逐渐熟悉生活中常用的有自学习能力的智能产品,从体验其功能到基本理解其如何工作。本学段的学习不再只是停留在体验与观察阶段,要充分激发学生的好奇心,鼓励学生对常见智能产品的工作原理进行积极探究,并借助软件平台尝试亲自设计实现。

(6) 人工神经网络模块

本学段用数学语言对人工神经元模型进行描述,要求学生能够手工计算简单人工神经网络模型的参数与网络输出,深化学生对人工神经网络工作原理和过程的认知。首先从生物神经元出发,对其信息处理机制进行详细阐述,旨在为学生理解人工神经网络信息处理方式奠定生物学基础。然后根据 M-P 模型关于神经元工作机理的 6 点假设建立人工神经元模型,并由单个神经元模型拓展到由多个神经元连接构成的人工神经网络模型,重点学习阈值型单层神经网络的结构、功能、权值参数与数据模式之间的关系。学习的难点是理解权值参数的调整对网络性能的影响。建议将该模块的相关内容与机器学习模块的相关内容结合起来开展综合实践活动。

（7）知识表示与推理模块

本模块介绍几种广泛应用的知识表示与推理方法。知识表示的目的是便于利用计算机进行存储和处理。其中一阶谓词逻辑表示法重点了解知识的谓词逻辑表示、谓词公式的定义和要素，能够运用谓词公式表达知识。而产生式规则表示法要重点了解基本形式和特点，了解用三元组表示知识的方法。在"知识推理"知识点中，阐述知识推理系统的核心模块（推理机、规则库和数据库），以及各模块的作用。要求学生理解正向推理和反向推理的基本思路与推理过程，了解混合推理的基本思路。

（8）群体智能与进化智能模块

第一学段侧重观察群体智能现象，第二学段逐步了解优化问题和典型群体智能算法——蚁群算法——的工作过程。本学段一方面进一步加强对优化问题和群体优化算法的认知，另一方面结合生物学知识了解进化智能。在"优化问题"知识点中，引导学生从生活经验中总结归纳出哪些问题是函数优化问题，哪些是组合优化问题，并学会用优化目标、解和约束条件这3个要素来描述优化问题。在此基础上，建议采用讨论、实践活动等方式开展优化方法的学习，可引导学生思考如何解决诸如利润最大、用料最省、效率最高等优化问题。通过学习梯度法、枚举法以及随机优化法等常规寻优方法的基本思路，了解各种方法的特点、应用范围和局限性，了解传统寻优方法和群体智能优化方法的联系和区别。建议设置小组讨论环节，给定群体优化的情境，体验多轮方案优化迭代过程与结果，帮助学生在实践中了解群体优化的思想。本模块以蚁群为例，介绍最常用的群体智能算法之一——蚁群算法，包括蚁群觅食活动对蚁群算法的启发，以及种群多样性、觅食结果的正反馈、最优解和次优解等概念，重点是逐步建立起算法与优化问题之间的联系，了解算法参数的含义，并能够利用软件平台根据实际问题设计和调节参数，从而改善算法的性能并解决实际问题。在对算法及其特点认识的基础上，了解算法的应用实例。另外，可以了解基于群体智能思想的多智能体系统，并可以无人机群为例进行说明。关于"遗传算法"知识点，建议结合生物学的相关知识进行学习，在观察生物进化现象的基础上，分析适者生存、自然选择、基因遗传等进化规则给人们解决复杂优化问题带来的启发，进而了解遗传算法的基本原理。学习中的难点有二：一是建立算法与优化问题之间的联系，包括建立问题解与遗传算法染色体编码的对应关系，以及优化问题目标函数与遗传算法适应度之间的联系；二是算法本身各种操作算子的作用和实现原理，包括种群和个体的概念，选择、交叉和变异操作算子的作用。建议通过一个简单算例演示遗传算法的寻优过程来加强学生对遗传算法的理解。

(9) 人机交互模块

首先了解人机交互技术的发展历史，使学生体会不同阶段人机交互的特点和存在的问题，以及人们为解决这些问题而做出的努力；重点了解当前人机交互正处于多通道、多媒体的智能人机交互阶段，触觉交互、眼动交互、语音交互、动作交互等多种交互方式正呈现出百花齐放的局面；了解人机自然交互的核心理念。自然语言处理是人机交互中的重要概念之一，也是实现人机交互的难点及多项交互技术的核心，本学段介绍其基本概念和工作过程，对于其应用，建议结合机器学习模块相关内容开展综合实践活动。"语音交互"知识点的内容与机器学习中的语音识别有关，但侧重点不同，重点在于语音交互目前能够达到的水平以及交互中的优势和劣势，适用于哪些场景等。语音交互的未来这部分知识应随着新技术的发展而不断更新教学内容，目的是拓展学生的知识面。建议本学段指导学生用 Python 等编程语言建立简单的语音交互智能体，通过实践活动熟悉语音交互的实现流程以及设计中需要考虑的实际问题等。

四、第四学段(高中 1~3 年级)

1. 教学内容与达成目标概览

第四学段的教学内容及建议达成目标如表 4 所示,建议学习时间为 70~72 学时。

对于首次学习人工智能课程的学生,建议酌情补充以下知识内容。

模块一:人工智能发展历史、水平及现有智能化技术的应用水平,仿智主要流派和特点。

模块三:人体感觉器官和感觉系统,传感器的概念,机器感知模型,模拟信号、数字信号及它们的转换。

模块四:模式识别的基本概念和任务、分类的含义和数学意义。

模块五:人类学习的方式、学习的本质、机器学习的含义、机器学习系统的组成、机器学习的主要方法(包括监督学习、强化学习和无监督学习的基本概念和原理)、学习算法的基本概念、决策树的结构和功能。

模块六:生物神经元和生物神经网络。

模块七:知识的概念和分类,知识表示的一阶谓词逻辑表示法和产生式规则表示法,知识推理系统的组成,正向推理、反向推理和混合推理。

模块八:群体智能现象中的个体行为交互和智能涌现、常规寻优方法(如梯度法、枚举法和随机法)、蚁群算法的基本原理、智能体的概念和多智能体系统。

模块九:人与人的交流方式,人机交互的概念、发展史和现状,语音交互的概念、流程和特点。

表4 第四学段的教学内容及建议达成目标

知识模块	知识点	知识细分	建议达成目标
人工智能概述（3学时）	自然智能与人工智能（1学时）	自然智能系统（0.5学时）	了解并举例说明自然智能系统的构成和所达到的功能
		人工智能系统（0.5学时）	了解并举例说明人工智能系统的构成和实现智能的工作过程
	人脑与计算机（1学时）	脑机结合（1学时）	（1）了解大脑的信息输出给机器的实现方式和相关实验案例 （2）了解机器的信息反馈给大脑的实现方式和相关实验案例
	智能化时代（1学时）	发展水平和新趋势（1学时）	（1）了解世界人工智能发展的水平、主要智能产品和研究热点 （2）了解仿智的未来发展新趋势 （3）了解国家人工智能发展战略的主要内容
智能工具与社会伦理（4～6学时）	智能工具的功能与应用场景（2学时）	智能化技术的工作过程（1学时）	理解应用场景中智能化技术的工作过程
		智能化技术设计场景应用（1学时）	能够综合多种智能化技术设计场景应用
	AI与社会伦理（2～4学时）	AI系统的社会影响（1～2学时）	能够探索分析AI系统对社会造成的正面和负面影响
		AI系统设计中的伦理道德（1～2学时）	了解目前一些国家或组织提出的AI伦理准则，探索设计AI系统解决具体社会问题时，需要考虑哪些伦理道德？如何在设计中体现？
机器感知（8学时）	机器感知应用（2学时）	机器视觉（1学时）	（1）了解视觉传感器的优势，例如可以探测到人眼看不到的波段 （2）了解视觉传感器的局限性，如相机的分辨率、动态范围和光谱灵敏度有限
		机器听觉（1学时）	（1）了解听觉传感器的优势，例如可以探测到人耳听不到的波段 （2）了解听觉传感器的局限性，例如麦克风的灵敏度和频率响应有限

续 表

知识模块	知识点	知识细分	建议达成目标
机器感知 (8学时)	其他传感器 (6学时)	雷达 (1学时)	(1) 了解雷达的概念 (2) 了解雷达的分类 (3) 了解雷达的工作原理 (4) 了解雷达的应用
		激光雷达 (1学时)	(1) 了解激光雷达的概念 (2) 了解激光雷达的分类 (3) 了解激光雷达的工作原理 (4) 了解激光雷达的应用
		全球卫星 导航系统 (1学时)	(1) 了解卫星定位系统的概念 (2) 了解卫星定位系统的基本工作原理 (3) 了解卫星定位系统的应用 (4) 了解全球主要的卫星定位导航系统,如 GPS、北斗、GLONASS 和 GALILEO
		室内定位技术 (1学时)	(1) 了解室内定位的主要技术 (2) 了解室内定位技术的主要应用
		多传感器 融合系统设计 (2学时)	能够针对某应用场景,利用多传感器融合进行智能系统的功能设计
机器认知 (6学时)	特征提取和 特征表示 (2学时)	向量空间 (0.5学时)	了解 N 维向量空间
		语音、图像 特征提取 (1.5学时)	能够说明如何从声音波形和图像中提取特征
	聚类和聚类 算法(2学时)	相似性度量 (1学时)	了解聚类中心和相似性度量
		聚类算法 (1学时)	了解基本的聚类方法——胜者为王方法
	识别的层次 结构(2学时)	语音识别: 歧义消除 (1学时)	了解从声音波形到句子的语音理解抽象层次结构,说明如何使用每个层次的知识来解决低一层次中的歧义
		图像识别: 场景理解 (1学时)	了解如何利用较低层次的抽象逐步完成较高抽象层次上的知觉推理,例如"场景-物体-边缘-像素"的层次结构

续 表

知识模块	知识点	知识细分	建议达成目标
机器学习 (14学时)	机器学习的 环境(数据) (3学时)	建立数据集 (1学时)	(1) 了解数据集创建的主要方法,例如 MATTER (MATTER Cycle)方法 (2) 了解常用的机器学习数据库,如 UCI 数据库、 Kaggle 数据库等 (3) 了解数据集的数学符号描述(包括数据集、样本 对、特征输入、标签、预测值) (4) 了解数据集的获取途径以及标注的主要方法:内 部标注、第三方标注、众包标注 (5) 了解数据存储所需的空间和成本等
		数据集 处理与分析 (2学时)	(1) 了解数据集的预处理方法(缺失数据的处理、归一 化等),能够采用编程工具进行处理 (2) 了解机器学习算法在数据不平衡时减小训练误差 的方法:下采样、交叉验证等 (3) 了解标准数据集的划分方法,例如交叉验证法,能 够采用编程工具进行处理 (4) 了解数据集的评估方法:二分类情况 (5) 能够利用数据可视化工具,例如 Excel、MATLAB 或者 Python 对数据进行统计分析,以发现数据中的不均 匀性或不平衡性
	机器学习 模型与算法 (4学时)	线性回归算法 (1学时)	(1) 熟悉线性回归分析与非线性回归分析的基本含义 (2) 熟悉最小二乘法的基本原理和功能 (3) 熟悉回归分析的步骤
		K-均值聚类 算法(1学时)	(1) 了解 K-均值聚类算法的基本含义及功能 (2) 了解 K-均值聚类算法的步骤及应用
		主成分分析 降维算法 (2学时)	(1) 了解数据降维的意义 (2) 了解主成分分析算法的基本原理 (3) 了解主成分分析算法的基本应用
	机器学习 模型训练 与评估(3学时)	步骤1: 数据的准备	(1) 会使用验证集 (2) 根据数据区分分类、回归和聚类问题
		步骤2:模型的 选择和初始化	(1) 根据实际问题选择合适模型 (2) 了解回归问题的目标函数设置 (3) 了解分类问题的目标函数设置
		步骤3: 模型的训练	了解如何在软件平台或编程设置所选模型的基本训 练参数
		步骤4: 模型的预测	能够采用训练好的模型进行预测
		步骤5:模型性能 的评估与改进	(1) 了解分类性能的指标,包括准确率(Ac)、灵敏度 (Sn)、特异性(Sp)和马太相关系数(MCC) (2) 了解评估回归模型性能的常用指标:确定系数 (R^2)、均方误差(MSE)以及均方根误差(RMSE)

续 表

知识模块	知识点	知识细分	建议达成目标
机器学习 (14学时)	机器学习应用 (4学时)	图像识别 (2学时)	(1) 能够对图像进行预处理 (2) 了解图像特征提取的基本原理和方法 (3) 了解进行图像识别的常用模型,例如2D卷积网络的训练 (4) 了解图像识别效果的定量评测方法
		语音识别 (2学时)	(1) 了解声音波形的量化方法 (2) 了解声波的MFCC特征 (3) 了解声学模型的基本原理 (4) 了解语言模型 (5) 了解声学模型和语言模型的训练阶段 (6) 了解声学模型和语言模型的识别阶段
人工神经网络 (10学时)	人工神经网络模型基础 (1学时)	分类方式和典型模型(0.5学时)	(1) 了解按拓扑结构的分类方式和典型模型 (2) 了解按信息流的分类方式和典型模型
		基本特征、功能和应用 (0.5学时)	(1) 熟悉人工神经网络的基本结构特征 (2) 熟悉人工神经网络的基本能力特征 (3) 熟悉人工神经网络的基本功能和主要应用
	前馈神经网络 (2学时)	前馈神经网络的结构和各层作用(1学时)	(1) 了解前馈神经网络的结构 (2) 了解前馈神经网络各层与数据之间的对应关系
		前馈神经网络的训练(1学时)	(1) 说明前馈层次型网络的前向输出计算过程 (2) 了解误差反传算法的基本思想 (3) 了解前馈神经网络的训练过程 (4) 了解前馈神经网络的预测
	深度神经网络 (7学时)	深度网络的提出(1学时)	了解深度网络提出的背景和基本思想
		卷积神经网络 (CNN)(2学时)	(1) 了解CNN的结构 (2) 了解CNN的基本工作原理 (3) 了解CNN的特点和应用场景
		递归神经网络 (RNN)(2学时)	(1) 了解RNN的结构 (2) 了解RNN的基本工作原理 (3) 了解RNN的特点和应用场景
		对抗生成网络 (GAN)(2学时)	(1) 了解GAN的结构 (2) 了解GAN的基本工作原理 (3) 了解GAN的特点和应用场景

续 表

知识模块	知识点	知识细分	建议达成目标
知识表示与推理 (8学时)	知识表示 (1学时)	语义网络表示法(1学时)	了解语义网络表示法
	知识推理:状态空间搜索策略 (4学时)	状态空间搜索的基本概念 (1学时)	理解状态空间搜索的基本概念
		盲目搜索策略 (1学时)	了解盲目搜索策略
		启发式搜索策略(1学时)	了解启发式搜索策略
		知识推理应用的基本过程 (1学时)	了解知识推理应用的基本过程
	知识图谱 (3学时)	知识图谱的基本概念 (0.5学时)	了解知识图谱的基本概念
		知识图谱的基本构成要素 (0.5学时)	了解知识图谱的基本构成要素
		知识图谱的关键技术 (2学时)	了解构建知识图谱的关键技术
群体智能与进化智能 (10学时)	优化问题 (2学时)	函数优化 (1学时)	(1) 理解函数优化的概念,能够识别典型问题 (2) 知道函数优化的数学模型
		组合优化 (1学时)	(1) 理解组合优化的概念,能够识别典型问题 (2) 知道组合优化的数学模型
	蜂群算法 (4学时)	蜂群采蜜启发 (1学时)	(1) 熟悉蜂群采蜜所反映的群体智能中的任务分工 (2) 熟悉蜂群采蜜所反映的群体智能中的信息交流 (3) 熟悉蜂群采蜜所反映的群体智能中的协作思想
		蜂群算法基本原理与实现 (2学时)	(1) 了解蜂群算法的组成要素:食物源、雇佣蜂和非雇佣蜂 (2) 了解蜜蜂的行为模式 (3) 了解蜂群算法的寻优模式 (4) 了解蜂群算法的伪代码 (5) 能够在软件平台中调整算法参数,观察运行结果
		蜂群算法的特点和应用 (1学时)	(1) 了解蜂群算法的特点 (2) 了解蜂群算法的应用

续 表

知识模块	知识点	知识细分	建议达成目标
群体智能与进化智能（10学时）	其他群体智能算法（1学时，选其一）	鱼群算法（1学时）	（1）了解鱼群算法的生物学背景 （2）了解鱼群算法的基本思路和特点
		鸟群算法（1学时）	（1）了解鸟群算法的生物学背景 （2）了解鸟群算法的基本思路和特点
		狼群算法（1学时）	（1）了解狼群算法的生物学背景 （2）了解狼群算法的基本思路和特点
	遗传算法（3学时）	遗传算法的基本操作（2学时）	（1）熟悉遗传算法的基本实现流程 （2）熟悉遗传算法的染色体编码方式，能够根据问题对解进行二进制编码 （3）熟悉遗传算法的适应度函数概念，掌握函数优化问题的适应度函数设计 （4）熟悉遗传算法的选择操作原理，掌握并实现轮盘赌选择方法 （5）熟悉遗传算法的交叉操作原理，掌握并实现单点交叉方法 （6）熟悉遗传算法的变异操作原理，掌握并实现均匀变异方法 （7）能够实现简单算例的计算或编程
		遗传算法的应用（1学时）	（1）了解遗传算法在背包问题中的应用 （2）了解遗传算法在 TSP 问题中的应用
人机交互（7学时）	自然语言处理（2学时）	自然语言理解的难点（1学时）	（1）了解目前自然语言理解的基本实现思路 （2）了解 AI 理解会话意图的难点：说法的多样性、上下文语境、语言的鲁棒性、语言的知识背景
		自然语言处理技术的实现过程（1学时）	了解基于深度学习的自然语言处理技术的实现过程
	情感计算（3学时）	情感计算基础（1学时）	（1）了解情感计算的概念 （2）了解情感计算在人机交互中的作用 （3）了解人类表达情感的方式 （4）了解人类感知情感的方式
		情感计算模型（1学时）	（1）了解情感计算的主要内容 （2）了解情感计算模型的输入 （3）了解情感计算模型的功能
		情感计算的方式（1学时）	（1）了解人类面部表情识别的基本原理 （2）了解通过姿态识别情感的基本原理 （3）了解通过语言识别情感的基本原理 （4）了解多模态计算在情感计算中的作用
	人机交互应用（2学时）	自然语言处理应用（2学时）	（1）知道机器翻译的基本原理及应用中存在的问题 （2）知道问答系统的基本原理及应用中存在的问题

2. 教学内容与达成目标设计说明

第四学段是高中阶段或同等学历阶段，教学内容包括 9 个模块。与第三学段相比，本学段对学生的系统观、抽象层次、辩证思维能力的要求都有所提高。下面对各个模块的教学内容与达成目标的设计思路进行阐述，以供教学人员、教材与教具开发人员参考。

（1）人工智能概述模块

先从系统的角度分析自然智能系统的组成、系统所包含的要素、系统运行的基本原理，从而明确人工智能系统应该包括哪些要素、环节以及系统的工作过程。关于"人脑与计算机"知识点，上一学段介绍了人脑和计算机在信息处理方面的区别与相似之处，本学段介绍关于脑机结合方面的知识和一些应用成果。"智能化时代"知识点阐述世界人工智能技术和产品的发展水平与趋势，以及我国人工智能发展的战略目标，帮助学生更好地适应智能化时代的工作、生活，增强他们的人工智能科技素养与职业竞争力。

（2）智能工具与社会伦理模块

"智能工具的功能与应用场景"部分要求学生能够理解应用场景中智能化技术的工作过程，知道各种技术在场景中发挥的作用，例如识别、分析、决策等，并能够综合多种智能化技术设计场景应用。在学习过程中，一方面要鼓励学生充分利用各类智能工具提高学习效率，提升生活质量，充分享受人工智能技术为人们带来的种种便利；另一方面要注意引导学生思考智能工具给人类社会带来的正面与负面影响，了解一些国家或组织提出的 AI 伦理准则，通过对现有智能工具的利弊分析，引起学生关于人工智能伦理层面的思考。这也是"AI 系统设计中的伦理道德"部分所要求的内容。以上开放式课题可结合道德与法治等课程进行思考。

(3) 机器感知模块

机器感知模块的学习内容包括两个重点：一是从感知的基本原理到实际应用需要考虑哪些技术细节；二是拓宽传感器知识。"机器感知应用"知识点仍聚焦于机器视觉和机器听觉方面，加强学生对视觉传感器和听觉传感器性能和检测范围的认知，帮助学生了解它们的优势和局限性。对于"其他传感器"知识点，建议将激光雷达、全球卫星导航系统、室内定位技术以及多传感器融合技术等常见的高端感知技术的科普知识纳入课程。这些内容有助于学生拓宽视野，丰富知识面，提高科技素养。本部分内容应侧重回答实际应用中出现的问题，例如，机器视觉的分辨率、动态范围是否存在局限，自动驾驶汽车对测距跟踪有何要求，室内和室外对定位的要求有什么不同，等等。在科普原理、技术、方法时，要引导学生思考科技工作是如何针对这些问题提出解决方案的，还有哪些问题是尚未解决的，这种思考对加强创新思维训练和拓展思考的深度和广度大有裨益。

(4) 机器认知模块

本学段关于"特征提取和特征表示"知识点的学习可从二维、三维向量空间扩展至 N 维（$N>3$）向量空间。关于"聚类和聚类算法"知识点，建议以"胜者为王"算法为例了解聚类训练的竞争过程与自组织过程，体会聚类中心是同类事物的典型代表，通过相似性度量可实现"物以类聚"。在"识别的层次结构"方面，将完整地了解语音识别和图像识别的层次结构，建议通过类比人类进行识别时的层次结构来理解机器识别的层次结构和方式。人工智能实现的一个重要途径就是对人类（或其他生物）智能的模拟和借鉴，在教学中要引导学生特别注意这一特点；同时，也要了解机器与人接收信息和处理信息的方式存在巨大差别。

(5) 机器学习模块

本模块的大部分内容是对第三学段内容的强化和深入。"机器学习的环境（数据）"知识点部分包括数据集的建立、处理与分析。该部分阐述常用的数据集创建方法（如 MATTER），以及对数据集的测试、评估和修改过程。另外,学生还应对数据集的获取、标注和存储以及科研人员和企业研发人员常常使用的机器学习数据库有所了解,例如 UCI 数据库、Kaggle 数据库等。其中"数据集处理与分析"部分,由最基本的归一化方法拓展到针对各种实际问题的相对复杂的处理方法,例如缺失数据、小样本、不平衡数据等。此外,还要求学生能够用基本的数据可视化工具对数据进行分析。在"机器学习模型与算法"部分,本学段更加侧重对学习算法的了解,包括线性回归模型的最小二乘算法以及 K-均值算法。学习算法时要弱化繁琐艰深的数学推导过程,重点是深入浅出地阐述该算法解决问题的思路,另外还要引导学生反向思考。例如,不同聚类算法(如胜者为王、K-均值聚类)所产生的结果是否不同,结果的不同是否与算法有关,与算法中的哪些部分有关,等等。在"机器学习模型训练与评估"部分,在第三学段相关内容的基础上引入验证集,并要求学生能够针对具体问题进行目标函数和模型参数的设置,在评估方面了解更多的性能指标(可根据具体安排进行取舍)。在"机器学习应用"部分,本学段的内容相对于第三学段,对图像识别和语音识别的实现过程以更加细化和量化的方式进行阐述,并建议引入卷积网络等较新的技术成果。目前,机器学习是人工智能领域的热点,本模块应较多地结合该领域当前最新进展开展教学。

(6) 人工神经网络模块

本模块的学习内容包括 3 个重点:一是了解人工神经网络的分类、特征和功能的全貌;二是了解经典神经网络模型——多层前馈神经网络的结构、学习算法、功能等;三是了解热点研究方向"深度神经网络"的思想和典型模型。首先,根据拓扑结构和信息流向对神经网络进行分类,并对其功能特点和主要用途进行说明,使学生对神经网络模型产生更全面的认识。然后重点介绍多层前馈神经网络,这是一种最常用的、结构相对简单的神经网络模型,重点了解其训练过程和误差反传算法的基本思想。"深度神经网络"部分需了解其与传统神经网络之间的联系和区别,网络深度的增加究竟对神经网络模型的性能和应用方式与范围产生哪些影响,等等。建议对目前应用最广的 3 种深度神经网络进行科普:卷积神经网络、循环神经网络和对抗生成网络。前两种主要用在监督学习领域,分别在图像识别、语音识别和文字处理中发挥了重要作用;对抗生成网络是近年来无监督学习领域最具前景的方法之一,应用效果也独具特色。深度神经网络和深度学习是目前研究的热点,本学段引入该内容,主要是为了开拓学生的视野,培养学生的创新精神。

(7) 知识表示与推理模块

知识表示与推理模块仍然从"表示"和"推理"两个方面展开教学。在"知识表示"部分介绍语义网络的表示方法,这种表示方法更容易从自然语言进行转换,可以深层次地表示知识,便于检索和推理。在"知识推理"部分,介绍更复杂的状态空间搜索策略,该部分内容的教学可以结合第三学段"群体智能与进化智能"模块中的常规寻优方法。例如,盲目搜索包括深度优先搜索和广度优先搜索等搜索策略,可以结合枚举法教学;启发式搜索包括局部择优搜索法(如瞎子爬山法)和最好优先搜索法(如有序搜索法)等搜索策略,可以结合梯度法教学。建议教学时结合具体实例进行讲解。知识图谱是人工智能领域近年来的一个研究热点,目前许多智能产品中都嵌入了知识图谱,例如搜索引擎、会写诗作画的虚拟学生、自适应 AI 教育系统等。建议将知识图谱纳入本模块的教学内容,学生只需初步了解其基本概念、构成要素和关键技术即可。

(8) 群体智能与进化智能模块

本模块应进一步加强对优化问题的认知,了解蜂群算法等常用群体智能算法,并对多智能体系统有所认知。在进化智能方面,建议介绍最常用的遗传算法。关于"优化问题",学生已经在之前的学段中学习了优化的概念,知道优化目标、最优解或方案等概念。本学段则从数学模型的角度,采用数学语言对函数优化问题和组合优化问题进行描述,这些知识将为编程实现奠定基础。蜂群算法是受蜂群采蜜的启发而发展起来的一种常用的群体智能优化算法,阐述该算法要重点介绍蜂群采蜜过程所反映出来的任务分工、信息交流和协作思想,以及这 3 点如何在蜂群算法中实现。学生需要进一步了解算法的流程和伪代码,并通过软件平台或程序设计进一步了解参数的含义和其对寻优结果的影响,加强对算法思想和实现流程的认识。另外,还可以介绍一些其他群体智能算法,如鱼群算法、鸟群算法和狼群算法等,通过类比可以加强学生对群体智能思想的认知。在教学过程中须重点把握以下方面的不同点和共通性:个体编码、个体行为、交互行为和评价函数等。注意讲清这些算法的基本思路即可,能够在不同中发现相似点,在相似中区分不同。遗传算法是一种经典的进化计算方法,学生在生物学课程中已经学习过关于进化论和基因学的知识,可以引导学生从这些知识中获得启发,并根据这些启发尝试给出遗传算法的实现流程,包括个体的编码方式、个体的选择、交叉和变异操作。建议以二进制的编码为例为学生做出示范,了解遗传算法的核心过程。此外,可了解遗传算法如何解决实际问题,即实际优化问题的求解如何转化为优化算法的迭代过程。

(9)人机交互模块

在人机交互模块中重点介绍自然语言处理。语言是人类交流最重要的途径之一,要使得机器能够理解人,需要解决从文本到意图的转换过程,这也是自然语言处理技术的核心和难点。关于"自然语言处理"知识点,首先了解目前自然语言理解的基本实现思路,在此基础上分析并了解 AI 理解会话意图的难点,并介绍目前比较前沿的基于深度学习的自然语言处理技术的实现过程。关于"情感计算"知识点,首先分析人与人之间的交流方式,通过类比建立机器情感计算的模型,了解机器如何通过面部表情、身体姿态和语言语气进行情感识别。关于"人机交互应用",重点了解自然语言处理的应用,如机器翻译、问答系统。

第四部分 教学实施建议

一、教学建议

人工智能教学要着眼于提升学生的 AI 素养,充分理解课程的基本理念,准确把握课程的目标和价值,充实教学内容,营造有利于学生主动创新的学习氛围,合理选用并探索新的教学方法与教学模式,关注不同教育阶段学生的认知特点和差异,引导学生亲历利用人工智能知识和技术发现问题、分析问题和解决问题的过程,培养学生对人工智能技术发展的适应能力和科技与人文相融合的综合素质。

《指南》建议,人工智能的教学活动由课堂教学、设计开发和参加活动三部分组成。通过课堂教学实现知识获取,通过开发与制作体验 AI 技术,检验学生的学习成效,通过参加各种活动开拓学生的视野,同时在 3 种教学活动中充分利用人工智能技术,体验人工智能赋能教育的场景与成果。

1. 课堂教学——知识获取的重要平台

人工智能课程的课堂教学是学生获取人工智能知识的重要平台,也是展现教师个人才华的重要舞台。有效性教学理论认为:教学的有效性＝教学内容总量×学生接受内容的百分数。因此,有效性教学的决定因素为学生对课堂学习的积极性、主动性和专注性。为了提高课堂教学的有效性，《指南》提出以下几点建议。

（1）转变教学观念

人工智能课程教师作为课堂教学的组织者和引导者，在优化课堂教学中起主导作用。教师教学观念和教学业务素质的优劣，对课堂教学最优化起着关键性的作用。因此，教师应遵循基本的教学导向，精心设计和实施课堂教学。

（2）提倡新的学习方式

人工智能课程要强调改变学生的学习方式，倡导建立包括自主学习、合作学习、探究学习等的新学习方式。学生是学习的主体，提倡学生参与确定学习目标、学习进度和评价目标。为实现互动式、交流式的合作学习，为不同层次的学生提供参与学习、体验成功的机会，在探究性学习中，应通过设置问题情境，让学生积极思考、主动提问，独立、自主地发现问题并在解决问题的过程中学习。

（3）研究教学内容与教学方法

人工智能教学内容要与教学对象认知水平相适应，既要尊重不同地区学生起点不同这一客观事实，又要对学生认知水平进行考察，确保教学目标定位的适切性。针对不同的教学内容要采取有针对性的教学方法和教学策略。好的教学方法能使学生掌握知识点之间的有机联系和融会贯通，能使教学重点和难点有效突破。教师在教学过程当中对预设的教学方案要适时调整，尽量采用鲜活的教学语言呈现内容、表达关注和驾驭课堂。教师的教案和教学应在参考经典案例的基础上有自己的创意。

教学是一门技术，也是一门艺术。作为一门技术，需要进行科学的教学设计并规范地实施；作为一门艺术，教学有法而教无定法，教师应能超越陈规和预设，学会创生课堂，激发课堂的生命活力。建议教师从教学设计的角度做好内容设计，从教学艺术的角度做好课堂的实施。努力做到教学语言要有艺术性，教学方法要有灵活性，教学过程要有情感性，教育手段要有策略性。

2. 实践环节——培养综合素质的主阵地

学生是人工智能学习活动的主角,教师是人工智能学习活动的组织者、引领者,教师和学生有着互补的责任。教师负责制定正确的教学策略,来满足不同学生的不同需要。因此,在教学行为上,教师应确立"注重经历、体验和发现"的教学观念,尽可能多地为学生提供动手活动的机会,放手让学生自己去学习人工智能、体验人工智能。人工智能教学的重点是引导每个学生经历"学中做"和"做中学"的过程,使学生在主动参与和能动的过程中有所体验和有所发现,从而激发学生学习人工智能的兴趣和愿望,让学生在不知不觉中进入学习的最佳状态,体会到学习人工智能的乐趣。

根据不同学校的条件和不同学段的学习内容,《指南》建议将人工智能教学的实践环节分为3种类型。

(1) 体验

人工智能的体验式学习要求学生通过"做"来"感受",更注重向内学习,强调知行合一。传统学习方式如同"观摩游泳",而体验式学习方式如同"自己游泳"。传统学习方式通过教师和书本讲解正确姿势,但学生若不亲身体验是学不会游泳的。对每个人来说,从体验中学习都是一种最基本与自然的学习方式。因此,在人工智能教学中应充分发挥体验式学习的巨大潜能。

(2) 编程与调试

以编程与调试为内容的实践环节是实现人工智能课程各项目标的重要途径。学生在借助各种编程平台编写和调试人工智能程序的过程中,可以有效地培养学习兴趣,提高逻辑思维能力、探索能力和创新能力。

(3) 参加活动

学生参加人工智能活动的常见形式有人工智能竞赛、人工智能夏令营、人工智能博览会等。其中,各类人工智能竞赛是参与人数最多、最经济和最普及的活动。人工智能竞赛不仅是一种对学习效果的客观检验，更重要的是培养学生严谨求真的踏实作风和协同合作的团队精神。在参赛过程中，学生经常会遇到强大的对手以及意想不到的问题。要鼓励学生迎难而上，敢于竞争，引导他们分析问题和解决问题，进行协商、协作、互助与沟通，培养他们的团队意识与团队合作能力。

3. 体现科技与人文的融合

科技与人文相融合是培养高素质人才的必然途径。人工智能教学的着眼点不仅是人工智能知识本身，更为重要的是通过人工智能教学培养、发展和提升学生的综合素质。

人工智能的教学要以人工智能知识与技术为基础和载体，以提升科技人文素养为价值和目的。要为学生提供良好的科技和人文环境，使他们置身于一个科学精神和人文精神的有机统一体中，不仅可以让学生去学习、掌握人工智能知识与技术，还可以让学生感受到AI科技对于提升生活质量的意义。

二、评价建议

1. 评价体系的主要功能

评价是人工智能教学的有机组成部分，对人工智能学习具有较强的导向作用。建议人工智能教学评价体系具有以下主要功能。

（1）导向功能

不同的评价标准会得出不同的评价结果，因此评价标准像一根"指挥棒"，具有导向功能。建立评价体系，根据课程目标制定评价标准。在制定质量评价标准时，要注意更新教育质量观，促进应试教育向素质教育的转变，从提高人才培养质量和综合素质的角度，把教学理念、教学方法以及学生的自我发展需要引导到符合人工智能素质教育的大方向和总目标上来。

(2) 诊断功能

通过对学生个体实施具体测评内容与方法,一方面可使学生进一步准确了解自己的能力与特长,正视自己的弱点和不足,找出各方面的差距,使后天的素质养成向有利于发挥自身先天素质的方向发展;另一方面有利于教师根据学生的主客观条件有针对性地实行因材施教。

(3) 激励功能

通过与评价体系的要求进行对照,可以给予教师和学生发扬成绩的动力,从而更好地促进教师和学生提高教与学的热情和主动性,激励师生改进不足,赶超先进。

(4) 交流与促进功能

在评价过程中,通过评价者与被评价者之间,以及各个被评价者之间的相互交流,能够看到他人的长处,同时也能注意到自己的不足,有利于不同教师或不同学生之间相互学习、取长补短。

2. 教学评价体系的设计

《指南》建议设计人工智能课程评价体系时可重点考虑以下三方面内容。

(1) 评价内容

评价内容应包括对教师的课堂教学评价和对学生的学习评价两部分。

① 课堂教学评价

人工智能课堂教学评价体系的建立和实施,可以促进教师尽快转变教育思想,在课堂教学中更好地发挥教师的教育创新意识,达到改进课堂教学的目的。课堂教学评价能够有效地评析教师课堂教学的状况和优缺点,还可以使教师在听课/评课活动中互相学习,在交流中激发内在的需要和动力,是促进教师专业发展的重要方法。同时,课堂教学评价既是教师工作评价的重要组成部分,也是学校评价体系的核心内容。通过开展科学有效的课堂教学评价,能够有效地鉴定教师的教学态度、教学质量、工作能力、业务水平等,使学校的管理工作更系统化,决策更科学化。

② 学生学习评价

从评价时机的角度看,学生学习评价可以分为过程性评价和总结性评价两类。人工智能课程的评价要注重学生在活动过程中的自我反思,多样化的评价方式有助于全面反映学生在课程中所获得的知识以及知识的灵活运用情况。学生学习评价应重点根据学生在实践环节的表现与实质性成果并结合 AI 知识测验成绩来进行。

(2) 评价方法与手段

① 过程性评价

过程性评价的"过程"是相对于总结性评价所强调的"结果"而言的,重点关注教学过程中学生能力与素质发展的过程性结果。及时对学生的学习质量和水平做出判断,肯定成绩,找出问题,是过程性评价的一个重要内容。过程性评价的功能主要在于及时地反映学生学习中的情况,促使学生对学习的过程进行积极的反思和总结,而不是最终给学生下一个结论。与其他学科相比,人工智能课程中的过程性评价手段更加丰富和更易实施。要注意综合运用多种评价方式,相互补充。

② 总结性评价

总结性评价的设计和实施要努力做到全面评估每个学生真实的人工智能素养水平,避免只重视知识记忆和技能操练,忽视学生利用所学知识解决实际问题的能力;避免使用题目固定、形式呆板的考试系统或考试软件扼杀学生的表现欲和创造性。在评价手段上,要综合运用纸笔测验、上机操作、社会实践、过程性评价等多种方法和手段评定学生的学习成果与水平,特别要注意结合学生社会实践和过程性评价结果,改变单纯以一次测验或考试为依据评定学生一学期或整个学段学习情况的片面做法。在考试方法上,针对基本知识和基本技能的考核,可以采用选择题、填空题、排序题等客观题进行,采用纸笔测试或机考系统均可,题目及试卷设计既要针对知识技能面的覆盖，又要通过题目过程性特征的设计，唤醒学生学习或操作过程的经验，以提升对学生技能评测的效度。对于能力考核，则需要采用编程调试类实际操作或作品设计制作等题型。

（3）评价主体

课堂教学的主要参与者是教师和学生，因此教学评价的设计应要求教师和学生更多地在评价中发挥作用。现代教学评价强调自我更新、自我调控，更多地从自我接受的角度评价教学工作。在评价方式上讲究以自我评价为主，对自身的课堂教学活动不断进行判断反思和分析，不断自我提升，促进人工智能课程教师的专业发展。

教学评价应建立以教师自我评价为主，学校领导、学生、教师、专家、家长共同参与的多元评价主体，即把自我评价、同行评价、专家评价、学生评价、家长评价、领导评价结合起来，使教师能从多渠道、多角度获得评价信息，不断自我反思、自我提高。

建立一个多维的、多主体的外部评价与自我评价相结合、校内评价与校外评价相结合的网络式评价系统，既有利于充分调动师生主体的积极性，使他们主动地参与和配合评价工作，又可以增强他们的自我评价意识和能力，有利于自我反馈、自我调节、自我教育和自我提高，从而促进人工智能课程教师提高教育教学质量。

三、教材编写建议

教材是课程的重要载体，为学生提供了学习主题和知识结构，是学生进行学习活动的主要依据，是教师实现人工智能课程目标和实施人工智能教学的重要资源。

1. 教材的定位与特点

《指南》对中小学人工智能教材的定位为：以培养学生智能化时代的

思维方式、科技视野、创新意识和科技人文素养为宗旨的科技素质教育读本。建议突出以下教学目标与特点。

（1）使学生理解人工智能采用人工的方法使人造系统呈现某种智能，从而使人类制造的工具用起来更省力、省时和省心。智能化是信息化发展的必然趋势！

（2）使学生理解人工智能的基本概念和解决问题的基本思路。注意用通俗易懂的语言、中学相关课程的知识和日常生活经验来解释人工智能中涉及的相关道理，而不是试图用数学、控制、机电等领域知识讲解相关算法或技术原理。

（3）培养学生对人工智能的正确认知，帮助学生了解 AI 技术的应用场景，体验 AI 技术给人带来的获得感，消除陌生感和畏惧感，做人工智能时代的主人。

（4）人工智能是多个学科的综合性科学，教材所选的学习素材应恰当反映这些学科的发展及其应用，并与学生的生活经验及认知特点相联系。

（5）教材内容要体现人工智能知识的整体性，体现重要人工智能技术的产生、发展和应用过程。

（6）教材的编写要有利于调动教师的主动性和积极性，有利于教师进行创造性教学。

2. 内容的组织与发掘

《指南》建议的各学段人工智能知识体系为各学段人工智能教材的内容组织提供了基本依据。人工智能技术涵盖诸多学科知识，《指南》对中小学人工智能课程的内容进行了深入系统的发掘梳理，形成了 9 个知识模块，但显然还有广阔的空间留待教材开发者和实施者去探寻。因此，教材不仅要体现《指南》的基本要求，而且要在课程内容上给出更多生动丰富的细节。

3. 内容的价值

（1）为实施综合素质培养提供便利

教材的内容设计应便于教师组织学生通过提出问题、猜想结果、制订计划、观察实验、动手动脑、亲自实践、参加竞赛与交流等活动，在感知和体验的基础上，为实施综合素质培养提供便利，达到提升学生综合素质的目标，而不是简单地通过讲授向学生灌输 AI 知识。

（2）重视学生的生活经验

《指南》强调学生的生活经验在学习人工智能课程中的作用。通过理论联系实际，培养学生利用人工智能课程所学的知识解决实际问题的能力，让学生感悟人工智能技术的实用价值。

（3）便于学生构建知识、提高能力

教材的内容要符合各学段学生的认知规律，由易到难，由具体到抽象，由简单到复杂，循序渐进，要便于学生逐步构建知识、提高能力。小学教材以培养学生对人工智能的兴趣、了解认识和体验人工智能为主；初中教材以激发学生学习人工智能的主动性，学习人工智能基础知识和基本概念为主；高中（或中等职业教育）教材以学习人工智能相关概念、原理和方法，培养学生创新精神和实践能力为主，同时进行综合实践探究活动。

4. 内容的呈现

（1）形式生动活泼

教材的呈现形式要生动活泼、图文并茂。文字叙述要符合各学段的年龄特点，便于学生阅读和理解。图片是呈现科学情境的重要形式，要充分发挥图片形象、直观、易懂、有趣的特点。

（2）传递多种信息

教材要传递多种有教育价值的信息，这些信息都是宝贵的资源，对学生起着潜移默化的教育作用。例如，人工智能技术的发展与应用中蕴藏着人文精神,渗透着有关社会责任感的培养,体现了科学地引导学生的正确价值取向,强调了人与自然、社会协调发展的现代意识,等等。

5. 内容的弹性

我国中小学人工智能教育刚刚起步,各地实施人工智能教育的经费投入、基础设施、师资水平、评价制度等都存在较大差异,课程开设情况参差不齐,学生起点差异较大。为此,人工智能教材在达到基本要求的前提下,其内容应体现一定的弹性,以满足学生的不同需求,同时便于教师发挥自己的教学创造性。

四、教师发展建议

为加强中小学人工智能教师人才队伍的建设,使教师尽快胜任其教学岗位,充分发挥教师的创造性,提高人工智能课程的教学水平,《指南》对人工智能教师的发展建议如下。

1. 提高思想政治素质,加强师德建设

人工智能课程以人工智能为载体,以全面提高学生的综合素质为根本目的,要求教师具备全面的思想政治素质,帮助和引领学生形成正确的世界观、人生观和价值观。

开展各种形式的师德教育,注重教师职业理想、职业道德、学术规范以及心理健康教育,以使教师能够承担教书育人的重任。

2. 努力提升专业能力,注重跨学科知识的学习

人工智能课程教师是该课程实施的核心力量,除了应具备一名教师的基本能力以外,还应努力提升专业能力。教师既要熟练掌握人工智能课程相关基础知识,还要了解人工智能领域的重大技术进展与最新应用成果,以及国内外重要人工智能赛事,并指导学生积极参加。

根据人工智能是多学科交叉的综合性学科的特点,从跨学科的视角要求教师具备将人工智能知识与中小学其他学科知识相联系的能力。

3. 建立学习培训、交流机制

为适应人工智能技术的迅速发展,应建立教师学习培训机制,加快知识更新,学习具有时代特点的新知识,吸纳新理念,不断丰富理论联系实际和解决实际问题的能力。

加强人工智能课程教师之间的沟通交流,实现信息互通,取长补短,博采众长,不断提高教学水平。人工智能课程教师要经常参加人工智能专家学者的技术讲座,利用与各种人工智能教学专家和课程专家交流的机会,探讨交流人工智能技术和人工智能教育的发展新动向,提高学术水平。

4. 提高实践能力和创新能力

鼓励教师参加高水平的人工智能教学科研创新团队,积极参与各级各类教研活动,主动承担有关教学研究课题,积极开展人工智能综合实践活动,坚持在实践教学中大胆探索,创新教学模式和教学方法,提高教师自身的实践能力和创新能力。

附录 1　知识点与建议达成目标一览表

模块一　人工智能概述

知识点	知识细分	第一学段 建议达成目标	知识细分	第二学段 建议达成目标	知识细分	第三学段 建议达成目标	知识细分	第四学段 建议达成目标
自然智能与人工智能	智能的概念（1学时）	知道人类的哪些能力可以称为"智能"						
	自然智能的表现（2~4学时）	（1）了解、识别或者举例说明人类以及自然界其他生物个体的智能表现，例如记忆、联想、识别、语序、推理与环境中的协作以及人类社会中的分工与合作现象	自然智能（0.5学时）	理解自然智能是以生物脑为载体的智能			自然智能系统（0.5学时）	了解并举例说明自然智能系统的构成和所达到的功能。
	人工智能的基本概念（1学时）	了解"人工智能"是人类制造的工具所具有的智能，是对人脑智能或自然智能的模拟与拓展	人工智能（0.5学时）	理解人工智能是以计算机（电脑）为载体的智能	人工智能的基本概念（1学时）	了解人工智能的经典定义	人工智能系统（0.5学时）	了解并举例说明人工智能系统的构成和实现智能的工作过程。

附录1 知识点与建议达成目标一览表

续表

知识点	第一学段		第二学段		第三学段		第四学段	
	知识细分	建议达成目标	知识细分	建议达成目标	知识细分	建议达成目标	知识细分	建议达成目标
人脑与计算机			计算机的功能（1学时）	（1）体验使用计算机的日常功能，例如文档的编辑与存储、网页搜索功能的使用、软件的下载与安装等（2）说一说计算机在编辑、存储、搜索等方面的优势和劣势	人脑信息处理（0.5学时）	（1）了解人脑的基本结构（2）了解人脑的信息处理过程（3）了解人脑的信息处理特点		
			人脑和计算机的不同表现（1~3学时）	（1）了解人类的多元智能表现，例如语言智能、数理逻辑智能、视觉空间智能、音乐韵律智能、身体运动智能、人际沟通智能、自我认识智能、自然观察智能等，树立积极观察智能发展观（2）举例说明人脑和计算机在不同表现时的原因并做出探索性分析（3）知道"图灵测试"	计算机信息处理（0.5学时）	（1）了解计算机的基本结构（2）了解计算机的信息处理过程（3）了解计算机的信息处理特点		
							脑机结合（1学时）	（1）了解出给机器的信息输方式和相关实验案例（2）了解反馈给大脑的信息方式和相关实验案例

续表

知识点	知识细分	第一学段 建议达成目标	知识细分	第二学段 建议达成目标	知识细分	第三学段 建议达成目标	知识细分	第四学段 建议达成目标
人工智能的发展简史及仿智途径					人工智能简史的发展（1学时）	（1）了解人工智能发展史的几个重要时期 （2）了解人工智能发展史的若干重大事件 （3）了解目前人工智能发展的阶段和水平		
					仿智主要流派及其特点（1学时）	（1）了解连接主义流派的主要特点与代表成果 （2）了解符号主义流派的主要特点与代表成果 （3）了解行为主义流派的主要特点与代表成果		
智能化时代			智能化技术应用（2学时）	（1）了解时代发展变化的表现，智能化时代的特点，以及时代化与以往时代有哪些不同 （2）能够举例说出生活中的人工智能应用，例如智能音箱、智能手表、智能空调等是如何体现智能化的 （3）了解并举例说明智能化技术的主要应用场景 （4）能够对生活中的场景提出人工智能应用的设想和想象			发展水平和新趋势（1学时）	（1）了解世界人工智能发展的水平，主要智能产品和研究热点 （2）了解智能仿真未来发展新趋势 （3）了解国家人工智能发展战略的主要内容

附录1 知识点与建议达成目标一览表

模块二 智能工具与社会伦理

知识点	知识细分	第一学段建议达成目标	知识细分	第二学段建议达成目标	知识细分	第三学段建议达成目标	知识细分	第四学段建议达成目标
智能工具的基本概念	工具、智能工具、智能技术（1学时）	了解什么是工具（包括机器、设备、无形的软件等有形或无形的人造产物），什么是智能工具，什么是智能技术						
	智能产品与非智能产品的主要区别（1学时）	能够举例说出生活中人工智能的应用，能区分典型的智能产品与非智能产品						
工具的演化历史					人类工具的演化历史（1学时）	了解人类社会不同时代的常见工具以及工具的能力水平		
智能工具的功能与应用场景	生活中常见的智能识别技术（2学时）	使用智能工具（例如智能手机、智能门禁、智能锁等）进行手写字识别、人脸识别、指纹识别，体验人工智能技术的应用场景	图像识别产品及应用场景（1学时）	能列举至少2种生活中常见的图像识别产品及应用场景	智能工具的功能（1学时）	了解现有智能工具或技术的功能	智能化技术的工作过程（1学时）	理解应用场景中智能化技术的工作过程
			语音识别产品及应用场景（1学时）	能列举至少3种生活中常见的语音识别产品及应用场景	智能工具的应用（1学时）	能够设计智能工具简单的场景应用	智能化技术设计场景应用（1学时）	能够综合多种智能化技术设计场景应用

续表

知识点	第一学段		第二学段		第三学段		第四学段	
	知识细分	建议达成目标	知识细分	建议达成目标	知识细分	建议达成目标	知识细分	建议达成目标
AI与社会伦理	AI对社会的影响(2学时)	说一说日常生活中AI技术的应用,例如智能玩具、智能音箱、自动驾驶汽车给人们带来的影响以及人机融合发展	AI系统的偏见现象(2学时)	观察和了解AI系统进行决策时是否存在偏见现象,例如新闻推送的偏好选择、聊天机器人出现的语言偏见、性别偏见等,了解如何设计更好的AI系统	AI系统偏见产生的原因(1~2学时)	分析AI系统偏见产生的原因,例如数据驱动的偏见、交互偏见、相似性偏见、冲突性目标偏见	AI系统的社会影响(1~2学时)	能够探索分析AI系统对社会造成的正面和负面影响
							AI系统设计中的伦理道德(1~2学时)	了解目前一些国家或组织提出的AI伦理准则,探索具体设计AI系统解决实际社会问题时需要考虑哪些伦理道德?如何在设计中体现?

附录1 知识点与建议达成目标一览表

模块三 机器感知

知识点		第一学段		第二学段		第三学段		第四学段
		知识细分	建议达成目标	知识细分	建议达成目标	知识细分	建议达成目标	知识细分	建议达成目标
生物感知		人体感觉 (3学时)	(1) 了解人类的视觉器官和功能 (2) 了解人类的听觉器官和功能 (3) 了解人类的触觉器官和功能 (4) 了解人类的嗅觉器官和功能 (5) 了解人类的味觉器官和功能 (6) 了解人类的其他感觉，如痛觉、温度觉、平衡觉、运动觉、机体觉等	人体感知系统 (2学时)	(1) 了解人体的感觉机制 (2) 了解人体的感觉系统组成 (3) 了解人类的各种感觉传递信息所占的不同比重和作用 (4) 了解人体的各个感官如何协同工作				
		感觉与感知 (1学时)	了解感知和感觉的区别，人类有了感知觉之后产生了哪些感知内容，例如看到图像、听到声音后产生的认知、判断、情绪等						

续表

知识点	第一学段		第二学段		第三学段		第四学段	
	知识细分	建议达成目标	知识细分	建议达成目标	知识细分	建议达成目标	知识细分	建议达成目标
机器感知系统			传感器基础（1~2学时）	（1）理解传感器的定义，知道传感器是一种检测装置（2）能区分内部传感器和外部传感器，知道其用途（3）了解机器人视觉传感器、听觉传感器、嗅觉传感器、味觉传感器和触觉传感器的基本用途和工作过程（4）初步了解多传感器信息融合在机器感知中的重要意义	模拟信号（0.5学时）	（1）了解模拟信号的概念（2）了解常见的模拟信号（3）了解模拟信号的传输和存储		
					数字信号（0.5学时）	（1）了解数字信号的概念（2）了解常见的数字信号（3）了解数字信号的传输和存储		
			机器感知模型和工作过程（1~2学时）	了解机器感知系统的模型、组成要素以及基本工作过程	模/数、数/模转换（1学时）	（1）了解模拟信号和数字信号之间进行转换的原因（2）了解基本的A/D、D/A转换器的用途		

续表

附录1 知识点与建议达成目标一览表

知识点	知识细分	第一学段 建议达成目标	知识细分	第二学段 建议达成目标	知识细分	第三学段 建议达成目标	知识细分	第四学段 建议达成目标
机器感知应用	机器视觉(1~2学时)	(1)在常用电子设备上能够识别视听传感器 (2)了解视觉传感器的基本用途	机器视觉(2~4学时)	(1)了解机器视觉的基本概念 (2)了解机器视觉的基本任务 (3)了解人类、其他生物视觉以及视觉感知的范围和局限 (4)了解图像在计算机中的存储方式和形式 (5)了解机器视觉处理在机器视觉中的作用	机器视觉(2学时)	(1)了解数字图像的增强和复原操作,能够使用已有软件进行操作实践 (2)了解数字图像的编码和压缩操作,能够使用已有软件进行操作实践 (3)了解视觉感知任务,如人脸检测、面部表情识别、障碍物检测等	机器视觉(1学时)	(1)了解视觉传感器的优势,例如可以探测到人眼看不到的波段 (2)了解视觉传感器的局限,如相机的分辨率、动态范围和光谱灵敏度有限
	机器听觉(1~2学时)	(1)在常用电子设备上能够识别视听传感器 (2)了解声音传感器和扬声器的基本用途	机器听觉(2学时)	(1)了解机器听觉的基本概念 (2)了解机器听觉的基本任务 (3)了解人类、其他生物听觉以及听觉感知声音的范围和局限	机器听觉(2学时)	(1)了解声波的采样和量化 (2)了解声波的预处理 (3)了解听觉感知任务,如语音识别、音乐识别等	机器听觉	(1)了解听觉传感器的优势,例如可以探测到人耳听不到的波段 (2)了解听觉传感器的局限,如麦克风的灵敏度和频率响应有限
	机器智能化(2学时)	(1)了解在机器中,感知和感觉的区别,举例说明智能机器 (2)讨论并确定什么是初步使机器智能化						

续表

知识点	知识细分	第一学段 建议达成目标	知识细分	第二学段 建议达成目标	知识细分	第三学段 建议达成目标	知识细分	第四学段 建议达成目标
其他传感器	日常用传感器（4学时）	（1）认识温度传感器及其基本用途 （2）认识压力传感器及其基本用途 （3）认识距离传感器及其基本用途 （4）认识光敏传感器及其基本用途	日常用传感器智能应用场景（2~4学时）	（1）了解温度传感器的测量范围和智能场景应用 （2）了解压力传感器的测量范围和智能场景应用 （3）了解超声波测距传感器的测量范围和智能场景应用	陀螺仪传感器（1学时）	（1）了解陀螺仪的概念 （2）了解陀螺仪的基本特性 （3）了解陀螺仪的基本原理 智能化场景应用情况	雷达（1学时）	（1）了解雷达的概念 （2）了解雷达的分类 （3）了解雷达的工作原理 （4）了解雷达的应用
					加速度传感器（1学时）	（1）了解加速度传感器的定义 （2）了解加速度传感器的基本原理 （3）知道加速度传感器的智能化场景应用情况	激光雷达（1学时）	（1）了解激光雷达的概念 （2）了解激光雷达的工作原理 （3）了解激光雷达的应用
					多传感器融合（1~2学时）	（1）了解多传感器融合的基本框架 （2）了解多传感器融合系统 （3）能够举例说明智能机器如何通过多传感器融合进行工作，例如识别驾驶员状态等	全球卫星导航系统（1学时）	（1）了解卫星定位系统的概念 （2）了解卫星定位系统的基本工作原理 （3）了解卫星定位系统的应用 （4）了解全球主要的卫星定位导航系统，如GPS、北斗、GLONASS和GALILEO
							室内定位技术（1学时）	（1）了解室内定位的概念 （2）了解室内定位技术的主要应用
							多传感器融合系统设计（2学时）	能够针对未来应用场景，利用多传感器融合系统设计能系统的功能

附录1 知识点与建议达成目标一览表

模块四 机器认知

知识点	第一学段 知识细分	第一学段 建议达成目标	第二学段 知识细分	第二学段 建议达成目标	第三学段 知识细分	第三学段 建议达成目标	第四学段 知识细分	第四学段 建议达成目标
特征提取和特征表示	事物特征（1学时）	了解什么是事物特征，如何用特征来描述事物			特征向量的概念（0.5学时）	了解特征向量	向量空间（0.5学时）	了解N维向量空间
	视觉特征（1学时）	了解对象的视觉特征			向量空间（0.5学时）	了解二维、三维向量空间	语音、图像特征提取（1.5学时）	能够说明如何从声音和图像中提取特征
模式识别基本概念和任务			模式识别概念（1学时）	了解模式识别的基本概念和基本流程				
			模式识别任务（1学时）	了解主流模式识别任务				
分类和分类算法			分类的概念（1学时）	了解分类的基本含义和模式匹配	分类的数学意义（0.5学时）	了解分类的数学意义		
			分类任务（1学时）	了解现实中的具体分类任务	线性可分（0.5学时）	了解线性分类和线性可分		
					分类算法（1学时）	了解训练集、体验分类算法		

续表

知识点	知识细分	第一学段 建议达成目标	知识细分	第二学段 建议达成目标	知识细分	第三学段 建议达成目标	知识细分	第四学段 建议达成目标
聚类和聚类算法					聚类的概念(0.5学时)	了解聚类的基本含义	相似性度量(1学时)	了解聚类中心和相似性度量
聚类和聚类算法					聚类任务(0.5学时)	了解现实中的具体聚类任务	聚类算法(1学时)	了解基本的聚类方法——以一胜者为王方法
识别的层次结构	语音识别：语音单元(1~2学时)	了解构成中文的语音结构，单位：音素，音节	语音识别：声音到字(1学时)	了解语音识别的第一步：如何从声音信号转换到候选字	语音识别：从字到词(1学时)	了解如何将字与字表示中的信息用来解决语音识别过程中较低级抽象中的歧义	语音识别：歧义消除(1学时)	了解从声音波形到句子的语言理解结构，说明如何使用每个层次的知识来解决低一层次中的歧义
识别的层次结构	图像识别：前景/背景(1~2学时)	了解视觉场景中的背景和前景结构，知道计算机必须进行前景/背景分割才能提取图像中的对象	图像识别：遮挡/缺损情况(1学时)	了解在复杂场景中识别对象时需要考虑遮挡/缺损的影响	图像识别：边缘检测(1学时)	了解如何通过边缘的组合形成更复杂的特征检测	图像理解：场景理解(1学时)	了解在知觉上的知识用较早的抽象层次的，例如"场景-像物体-边缘-像素"的层次结构

附录1 知识点与建议达成目标一览表

模块五 机器学习

知识点	知识细分	第一学段 建议达成目标	知识细分	第二学段 建议达成目标	知识细分	第三学段 建议达成目标	知识细分	第四学段 建议达成目标
人类学习与机器学习	人类学习方式（1学时）	（1）了解什么是人类学习 （2）说一说人类学习的方式，例如观察、示教、提问、实践、实验以及根据经验来学习	学习的本质（2学时）	（1）了解大脑的可塑性 （2）了解认知心理学家对学习的定义 （3）了解西蒙对学习的定义	机器学习的含义、内容和应用（1学时）	（1）熟悉机器学习的基本含义 （2）了解机器学习研究的主要内容 （3）了解机器学习的主要应用		
	机器学习方式（1学时）	（1）了解什么是机器学习 （2）通过示例程序的演示来说明什么能够进行学习						
机器学习系统的构成					学习系统的功能与组成框架（0.5学时）	（1）了解机器实现的系统应用 （2）了解机器学习系统的组成框架		
					学习系统的组成要素含义及功能（0.5学时）	（1）了解组成要素的含义及功能 （2）了解学习环节的含义及功能 （3）了解知识库的含义及功能 （4）了解执行环节的含义及功能		

续表

知识点	第一学段 知识细分	第一学段 建议达成目标	第二学段 知识细分	第二学段 建议达成目标	第三学段 知识细分	第三学段 建议达成目标	第四学段 知识细分	第四学段 建议达成目标
机器学习的环境（数据）	数据的形式（2学时）	初步了解机器学习系统中环境因素的形式和种类：信息、声音、手势、表情、天气（例如图片、声）	建立合适的数据集（2学时）	（1）能够使用表格软件平台等方式建立有标签的数据集（2）能够建立一个分类问题的数据表格	建立数据集（1学时）	（1）了解数据集基本概念以反样本、特征、标签的概念（2）熟悉数据集（3）能够理解表格中的行和列分别代表数据的哪些内容（个数、特征值、标签等）（4）了解训练集和预测集	建立数据集（1学时）	（1）数据集创建的主要方法，例如MATTER（MATTER Cycle）方法（2）了解常用的机器学习数据库，如UCI数据库、Kaggle数据集等（3）学会描述数据（包括数据集、样本对、特征、输入、标签、预测值）（4）了解数据标注以及标注的主要方法：内部标注、第三方标注、众包标注（5）了解数据存储所需的空间和成本等
	有标签的数据和标签的作用（2学时）	（1）初步了解数据的标签（2）能够初步选择正确的标签对预测标签的作用（3）能够用实物/图片/示例程序创建简单的有标签数据集	数据集特性与要求（2学时）	（1）能够对已有的数据集进行一定的统计分析，根据判断它是否存在明显的偏差（2）能够通过检查数据特征和标签，对数据集的偏差产生的原因进行初步的分析（3）较为广泛地使用数据集为后续了解数据分布的多样性	数据的量化编码（1学时）	（1）了解数据的量化编码方式（2）通过实验观察不同量化编码方式对模型预测的影响	数据集处理与分析（2学时）	（1）了解数据集处理方法（缺失值处理、归一化等），能够采用编程工具进行处理（2）了解机器学习算法在数据误差不平衡时训练误差减小采样、交叉验证等（3）了解标准数据集的划分方法，例如交叉验证法，能够采用编程工具进行处理（4）了解数据集的评估方法：二分类等（5）能够利用数据可视化工具，例如Excel、MATLAB或Python对数据集进行统计分析，以发现数据中的不均匀性或不平衡性
	不同数据效果学习效果的影响（2~4学时）	（1）通过示例程序演示并体验有标签的数据效果对机器学习的影响（2）通过示例程序演示并体验错误标签对机器学习的影响（3）观察少量数据集和较大数据集对机器学习效果的影响			数据集特性分析	（1）复杂数据中的标记问题（图像以及标记）（2）大数据以及标记中数据误差对预测的机器行为造成的影响		

附录1　知识点与建议达成目标一览表

续表

知识点	知识细分	第一学段 建议达成目标	知识细分	第二学段 建议达成目标	知识细分	第三学段 建议达成目标	知识细分	第四学段 建议达成目标
机器学习方法	监督学习过程（2学时）	（1）通过示例程序演示并体验计算机通过在数据中找到标签（有标签数据集）来学习的特点 （2）了解监督学习的基本含义，了解它与有教师指导的联系	强化学习过程（2学时）	（1）通过示例程序演示并体验计算机通过尝试和错误来学习，体会强化学习的特点 （2）了解强化学习的基本含义，了解它与经验学习的联系	强化学习与监督学习过程（1学时）	（1）从学习过程上比较强化学习的不同 （2）从反馈信号上比较强化学习的不同		
					无监督学习（2学时）	（1）了解聚类学习的基本含义 （2）了解无监督学习采用的数据形式 （3）了解无监督学习如何从未标记的数据中发现模式 （4）从样本原理角度了解无监督学习和监督学习的不同		

续表

知识点	知识细分	第一学段 建议达成目标	知识细分	第二学段 建议达成目标	知识细分	第三学段 建议达成目标	知识细分	第四学段 建议达成目标
机器学习模型与算法			决策树的构建与数据模式（2学时）	(1)了解什么是决策树 (2)能够用于分类构建决策树 (3)了解决策树的含义,以及其在节点的含义、特征和数据模式中的关系 (4)初步了解机器学习中的模型、参数等术语的含义	学习算法的基本概念（1学时）	(1)了解什么是学习算法 (2)了解学习算法的功能 (3)区分训练和使用训练好的模型有何不同	线性回归算法（1学时）	(1)熟悉线性回归分析与非线性回归分析的基本含义 (2)熟悉最小二乘法的基本原理和功能 (3)熟悉回归分析的步骤
					线性回归（1学时）	(1)了解线性方程的几何意义 (2)了解线性回归分析 (3)了解线性回归中的参数意义	K-均值聚类算法（1学时）	(1)了解K-均值聚类算法的意义及功能 (2)了解K-均值聚类算法的步骤及应用
					决策树（1学时）	(1)熟悉决策树的结构 (2)熟悉决策树的功能 (3)了解ID3,C4.5或CART中一种算法的思想	主成分分析降维算法（2学时）	(1)了解数据降维的意义 (2)了解主成分分析算法的基本原理 (3)了解主成分分析算法的基本应用

附录1 知识点与建议达成目标一览表

续表

知识点	第一学段 知识细分	第一学段 建议达成目标	第二学段 知识细分	第二学段 建议达成目标	第三学段 知识细分	第三学段 建议达成目标	第四学段 知识细分	第四学段 建议达成目标
机器学习模型训练、预测与评估			机器学习模型的基本实现过程（2学时）	（1）了解训练集和测试集（2）区分训练和使用，了解训练好的模型有何不同（3）了解模型学习后的模型预测，用新输入的模型输出，分析其准确性（4）能够根据预测效果对数量进行简单分析，或者提出改进意见	完整的模型建立可以包含以下5个步骤，可通过多个实例演示和实践（总计2学时）		完整的模型建立包含以下5个步骤，可通过多个实例演示和实践（总计3学时）	
					步骤1：数据的准备	（1）能够进行数据集划分、建立预测集（2）会使用软件对数据集进行归一化处理	步骤1：数据的准备	（1）会使用验证集（2）根据数据聚区分分类和聚类问题
					步骤2：模型的选择和初始化	（1）了解决策树和神经网络擅长的领域，并根据问题进行选择（2）能对模型进行初始化	步骤2：模型的选择和初始化	（1）根据实际回归问题选择合适模型（2）了解目标函数设置的目标函数设置（3）了解分类问题的目标函数设置
					步骤3：模型的训练	了解如何在软件平台或编程设置决策树或神经网络的基本训练参数	步骤3：模型的训练	了解如何在软件平台或编程设置模型所选参数
					步骤4：模型的预测	能够采用训练好的模型进行预测	步骤4：模型的预测	能够采用训练好的模型进行预测
					步骤5：模型性能的评估与改进	（1）能对预测结果做出统计分析，例如均方误差、准确率等（2）能对评估结果做出一定分析	步骤5：模型性能的评估与改进	（1）了解分类性能的指标包括准确率（Ac）、灵敏度（Sn）、特异性（Sp）和马太相关系数（MCC）（2）了解评估回归模型性能的常用指标：确定系数（R^2）、均方误差（MSE）以及均方根误差（RMSE）

续表

知识点	知识细分	第一学段 建议达成目标	知识细分	第二学段 建议达成目标	知识细分	第三学段 建议达成目标	知识细分	第四学段 建议达成目标
机器学习应用	图像识别（2学时）	（1）体验智能电子设备的人脸、指纹识别等应用功能，观察识别正确率受到哪些因素的影响，如光照、角度等（2）体验智能电子设备拍物识别App的功能，说一说识别的效果如何，存在哪些问题	图像识别（2学时）	（1）体验智能电子设备人脸、指纹识别等的设置过程，体会机器学习的过程（2）体验智能电子设备指纹识别等的设置过程，体会机器学习的过程	图像识别（2学时）	（1）可用软件平台或编程实现图像的获取、存储、读取（2）可用软件平台或编程实现图像特征的提取（3）可用软件平台或编程实现机器学习模型的训练（4）可用软件平台或编程实现模型的预测和评估	图像识别（2学时）	（1）能够对图像进行预处理（2）了解图像特征提取的基本原理和方法（3）了解进行图像识别的常用模型，例如2D卷积网络的训练（4）了解图像识别效果的定量评测方法
	语音识别与语音生成（2学时）	（1）体验智能电子设备的语音交互功能，观察识别正确率受到哪些因素的影响，如噪音、多人因素等（2）体验智能电子设备对文本进行朗读的功能，说一说效果如何	语音识别（2学时）	（1）了解语音识别的任务，例如识别出对应文字、年龄、情绪、性别、口音等（2）了解语音的作用（3）在软件平台上实践语音识别模型的训练	语音识别（2学时）	（1）可用软件平台或编程实现声音波形的获取、存储、读取（2）可用软件平台或编程实现声音波特征的提取（3）可用软件平台或编程实现声学模型的训练（4）可用软件平台或编程实现模型的预测和评估	语音识别（2学时）	（1）了解声音波形的量化方法（2）了解声波特征MFCC特征（3）了解声学模型的基本原理（4）了解声学模型的训练（5）了解语言模型和语音模型的训练阶段（6）了解声学模型和语言模型的识别阶段
					自然语言处理文本分类（2学时）	（1）了解文本预处理过程如提取特征、结果分析、编程实现文本预处理（2）可用软件平台或编程实现中文分词、分类特征提取、分类结果和训练结果分析		

附录1 知识点与建议达成目标一览表

模块六 人工神经网络

知识点	第一学段 知识细分	第一学段 建议达成目标	第二学段 知识细分	第二学段 建议达成目标	第三学段 知识细分	第三学段 建议达成目标	第四学段 知识细分	第四学段 建议达成目标
生物神经网络	大脑的结构(2学时)	了解大脑的基本结构	生物神经元的组成(1学时)	熟悉生物神经元的基本结构和功能	信息处理机制(1学时)	(1)了解生物神经元中信息的产生、传输、接收和整合 (2)了解生物神经网络的信息处理特点		
生物神经网络	大脑的功能(2学时)	(1)了解大脑的神经系统在人感知外部世界时所起的作用 (2)了解大脑的神经系统在人控制身体和思想时所起的作用	生物神经网络的构成(1学时)	了解生物神经网络的构成				
生物神经网络			影响大脑功能的因素(1学时)	(1)了解神经连接的不同是人与人之间区别的主要原因 (2)了解生物神经网络的鲁棒性等特点				
人工神经网络模型基础			神经元模型(3学时)	(1)了解神经元模型的图解模型 (2)了解用语言描述的神经元M-P模型 (3)了解单个神经元的输入输出计算过程(阈值型)	神经元模型(1学时)	了解用公式描述的M-P模型	分类方式和典型模型(0.5学时)	(1)了解按拓扑结构的分类方式和典型模型 (2)了解按信息流的分类方式和典型模型
人工神经网络模型基础							基本特征、功能和应用(0.5学时)	(1)熟悉人工神经网络的基本结构特征 (2)熟悉人工神经网络的基本能力特征 (3)熟悉人工神经网络的基本功能和主要应用

续表

知识点	第一学段		第二学段		第三学段		第四学段	
	知识细分	建议达成目标	知识细分	建议达成目标	知识细分	建议达成目标	知识细分	建议达成目标
前馈神经网络			阈值型单层神经网络模型（2学时）	（1）了解人工神经网络和人脑生物神经的相似点 （2）了解阈值型单层神经网络（例如1～3个输入、单输出、无隐层）的结构 （3）说明1～3个神经元的神经网络如何计算输出（阈值型）	阈值型单层神经网络（2学时）	（1）熟悉阈值型单层神经网络（例如多输入、多输出、无隐层）的结构 （2）熟悉阈值型单层神经网络输入节点与输出的对应关系 （3）熟悉阈值型单层神经网络输入节点与数据标签的对应关系 （4）熟悉阈值网络权值与数据模式之间的联系	前馈神经网络的结构和作用层次（1学时）	（1）了解前馈神经网络的结构 （2）了解前馈神经网络各层与数据之间的对应关系
							前馈神经网络的训练（1学时）	（1）说明前馈神经网络的基本思想 （2）了解误差反传算法的基本思想 （3）了解前馈神经网络的训练过程 （4）了解前馈神经网络的预测
深度神经网络							深度网络的提出（1学时）	了解深度网络提出的背景和基本思想
							卷积神经网络（CNN）（2学时）	（1）了解CNN的结构 （2）了解CNN的工作原理 （3）了解CNN的特点和应用场景
							递归神经网络（RNN）（2学时）	（1）了解RNN的结构 （2）了解RNN的工作原理 （3）了解RNN的特点和应用场景
							对抗生成神经网络（GAN）（2学时）	（1）了解GAN的结构 （2）了解GAN的工作原理 （3）了解GAN的特点和应用场景

附录1　知识点与建议达成目标一览表

模块七　知识表示与推理

知识点	知识细分	第一学段建议达成目标	知识细分	第二学段建议达成目标	知识细分	第三学段建议达成目标	知识细分	第四学段建议达成目标
知识概述			知识的概念（1学时）	（1）了解知识的概念，说一说生活中的知识及其用途 (2) 了解什么是人造知识分子				
知识的分类			知识的类别（0.5学时）	了解知识的主要类别				
			事实性知识（0.5学时）	能够举例说明哪些知识属于事实性知识，如何掌握该类知识				
			概念性知识（0.5学时）	能够举例说明哪些知识属于概念性知识，如何掌握该类知识				
			程序性知识（0.5学时）	能够举例说明哪些知识属于程序性知识，如何掌握该类知识				
知识表示			事实性知识表示（1学时）	能够对所掌握的事实性知识进行一定的结构化描述（可参考规则或创意设计）	一阶谓词逻辑表示法（1学时）	了解一阶谓词逻辑表示法		
			概念性知识表示（1学时）	能够对所掌握的概念性知识进行一定的结构化描述（可参考规则或创意设计）	产生式规则表示法（1学时）	了解产生式规则表示法	语义网络表示方法（1学时）	了解语义网络表示法
			程序性知识表示（1学时）	能够对所掌握的程序性知识进行一定的结构化描述（可参考规则或创意设计）				

续表

知识点	第一学段		第二学段		第三学段		第四学段	
	知识细分	建议达成目标	知识细分	建议达成目标	知识细分	建议达成目标	知识细分	建议达成目标
知识推理					知识推理系统组成（1学时）	了解知识推理系统	状态空间搜索的基本概念（1学时）	理解状态空间搜索的基本概念
					正向推理（1学时）	熟悉正向推理	盲目搜索策略（1学时）	了解盲目搜索策略
					反向推理（1学时）	熟悉反向推理	启发式搜索策略（1学时）	了解启发式搜索策略
					混合推理（1学时）	了解混合推理	知识推理应用的基本过程（1学时）	了解知识推理应用的基本过程
知识图谱							知识图谱的基本概念（0.5学时）	了解知识图谱的基本概念
							知识图谱的基本构成要素（0.5学时）	了解知识图谱的基本构成要素
							知识图谱的关键技术（2学时）	了解构建知识图谱的关键技术

附录1 知识点与建议达成目标一览表

模块八 群体智能与进化智能

知识点	知识细分	第一学段 建议达成目标	第二学段 知识细分	第二学段 建议达成目标	第三学段 知识细分	第三学段 建议达成目标	第四学段 知识细分	第四学段 建议达成目标
生物群体智能与进化现象	蚁群的智能（2学时）	通过视频或实际观察了解蚁群觅食、搭建桥梁的过程，体会群体的智能表现	个体行为分析（0.5学时）	了解在执行某一任务时某种生物群体如蚁群中个体的行动和表现				
	蜂群的智能（2学时）	通过视频或实际观察了解蜂群的筑址选择、寻找蜜源等活动，体会群体的智能表现	个体间交互行为分析（0.5学时）	了解蚁群在执行某一任务时，个体与个体之间交互的行动和表现				
	其他生物群体智能（2学时）	通过视频或实际观察了解鱼群、鸟群的觅食，结队等活动，体会群体的智能表现	智能涌现现象（1学时）	利用开放软件平台观察个体行为和通信行为改变时对涌现的群体智能的影响	生物进化的现象（1学时）	(1) 了解地球上生物最早的生物形态 (2) 通过视频演化了解地球上生物演化的过程，了解远古一些现存生物和远古生物的联系 (3) 了解生物进化与环境之间的关系，初步建立"适者生存"的思想		
优化问题			简单优化问题（2学时）	(1) 能够举例说出生活中的一些优化问题 (2) 能够结合数学课相关内容认识简单优化问题的数学模型 (3) 初步了解优化的概念、优化目标，以及影响优化目标的因素	优化的基本概念（1学时）	(1) 了解函数优化的概念和一些典型问题 (2) 了解组合优化的概念和一些典型问题	函数优化（1学时）	(1) 理解函数优化的概念，能够识别问题 (2) 知道函数优化的数学模型
					最优化问题的3个基本要素（1学时）	(1) 了解优化目标的概念 (2) 了解优化方案的概念 (3) 了解约束条件的概念	组合优化（1学时）	(1) 理解组合优化的概念，能够识别问题 (2) 知道组合优化的数学模型

续表

知识点	第一学段		第二学段		第三学段		第四学段	
	知识细分	建议达成目标	知识细分	建议达成目标	知识细分	建议达成目标	知识细分	建议达成目标
常规寻优方法					梯度法 (1学时)	(1) 了解梯度法寻优的基本思想 (2) 了解梯度法寻优的特点、应用范围和局限性		
					枚举法 (0.5学时)	(1) 了解枚举法寻优的基本思想 (2) 了解枚举法寻优的特点、应用范围和局限性		
					随机法 (0.5学时)	(1) 了解随机法寻优的基本思想 (2) 了解随机法寻优的特点、应用范围和局限性		

附录1 知识点与建议达成目标一览表

续表

知识点	第一学段		第二学段		第三学段		第四学段	
	知识细分	建议达成目标	知识细分	建议达成目标	知识细分	建议达成目标	知识细分	建议达成目标
蚁群算法和蜂群算法			蚁群算法演示（2学时）	（1）了解蚁群觅食的过程以及其给人的启发 （2）通过实验平台了解蚁群算法的优化过程	蚁群觅食启发（0.5学时）	（1）了解蚁群的多样性概念 （2）了解蚁群的正反馈概念 （3）了解蚁群的寻优、最优解和次优解的概念	蜂群采蜜启发（1学时）	（1）熟悉蜂群采蜜所反映的群体智能中的任务分工 （2）熟悉蜂群采蜜所反映的群体智能中的信息交流 （3）熟悉蜂群采蜜所反映的群体智能中的协作思想
					蚁群算法参数的意义（1学时）	（1）理解种群参数的意义，并能够在平台中根据问题调整实验参数 （2）了解感知范围和环境信息，并能够在软件平台中根据有关实验参数调整 （3）了解觅食规则、移动规则、避障规则、信息素规则，并能够在软件平台中根据有关实验参数调整	蜂群算法基本原理与实现（2学时）	（1）了解蜂群算法的组成要素：食物源、雇佣蜂和非雇佣蜂 （2）了解蜂群的行为模式 （3）了解蜂群算法的寻优模式 （4）了解蜂群算法的伪代码 （5）能够在软件平台中调整算法参数，观察运行结果
					蚁群算法的特点和应用（0.5学时）	（1）了解蚁群算法的特点 （2）了解蚁群算法的应用	蜂群算法的特点和应用（1学时）	（1）了解蜂群算法的特点 （2）了解蜂群算法的应用

续表

知识点	第一学段		第二学段		第三学段		第四学段	
	知识细分	建议达成目标	知识细分	建议达成目标	知识细分	建议达成目标	知识细分	建议达成目标
其他群体智能算法							鱼群算法（1学时）（三选一）	(1) 了解鱼群算法的生物学背景 (2) 了解鱼群算法的基本思路和特点
							鸟群算法（1学时）（三选一）	(1) 了解鸟群算法的生物学背景 (2) 了解鸟群算法的基本思路和特点
							狼群算法（1学时）（三选一）	(1) 了解狼群算法的生物学背景 (2) 了解狼群算法的基本思路和特点
多智能体系统					智能体（1学时）	(1) 了解智能体的提出和概念 (2) 了解智能体的特性，例如自治性、社会性、反应性和预动性 (3) 了解实现智能体的方式		
					多智能体系统的概念和组成（1学时）	(1) 了解多智能体系统的基本概念 (2) 了解多智能体系统的基本组成 (3) 了解多智能体系统的应用，例如无人机群		

续表

附录1 知识点与建议达成目标一览表

知识点	知识细分	第一学段建议达成目标	知识细分	第二学段建议达成目标	知识细分	第三学段建议达成目标	知识细分	第四学段建议达成目标
遗传算法					进化论和基因学的启发（1学时）	（1）了解遗传的作用 （2）了解变异的作用 （3）了解自然选择的作用 （4）了解基因的作用和功能 （5）了解基因突变的影响和作用	遗传算法的基本操作（2学时）	（1）熟悉遗传算法的基本实现流程 （2）熟悉遗传编码方式，能够根据问题进行二进制编码 （3）熟悉适应度函数概念，掌握适应度函数优化问题的适应度函数设计 （4）熟悉遗传算法的选择原理，掌握实现轮盘赌选择方法 （5）熟悉交叉操作原理，掌握实现单点交叉方法 （6）熟悉变异操作原理，掌握实现均匀变异方法 （7）能够实现简单算例的计算或编程
					遗传算法的基本原理（2学时）	（1）了解问题与染色体编码的对应关系 （2）了解种群和个体的概念 （3）了解遗传算法中的选择 （4）了解交叉和变异操作 （5）通过算例演示遗传算法的寻优过程	遗传算法的应用（1学时）	（1）了解遗传算法在背包问题中的应用 （2）了解遗传算法在TSP问题中的应用

模块九 人机交互

知识点	第一学段		第二学段		第三学段		第四学段	
	知识细分	建议达成目标	知识细分	建议达成目标	知识细分	建议达成目标	知识细分	建议达成目标
人机交互基础	人与人的交流方式（4学时）	（1）能够在文本中识别出表示不同情绪、情感的词语（2）通过人脸的表情、肢体动作等识别人所表达的情绪或情感	人与人的交流（1学时）	了解人与人相互交流理解的综合方式：语言、表情、肢体动作的综合判断结果	人机交互技术的发展历史（1学时）	（1）了解早期手工作业阶段的人机交互方式（2）了解作业及命令语言阶段的人机交互方式（3）了解图形用户界面（GUI）阶段的人机交互方式（4）了解网络用户界面中的人机交互方式		
			了解人机交互的定义（1学时）	（1）了解人机交互的定义（2）了解人机交互中"人"的范畴（3）了解人机交互中"机"的范畴（4）了解人机交互中"交互"的范畴	人机交互技术的发展现状和趋势（1学时）	（1）了解当前处于多通道、多媒体交互阶段，了解智能人机交互的方式，如触觉交互、眼动交互、语音交互、动作交互等方式（2）了解"自然交互"的核心理念		

附录1　知识点与建议达成目标一览表

续表

知识点	第一学段		第二学段		第三学段		第四学段	
	知识细分	建议达成目标	知识细分	建议达成目标	知识细分	建议达成目标	知识细分	建议达成目标
自然语言处理					自然语言处理目标、任务及应用（1~2学时）	（1）了解自然语言处理研究的目标（2）了解自然语言处理的核心任务：自然语言理解和自然语言生成（3）了解技术的应用场景，例如机器翻译、多文语转换、语音识别及文语转换、信息检索、信息抽取与过滤、文本分类、观点聚类、舆情分析、问答系统等	自然语言理解的难点（1学时）	（1）了解目前自然语言理解的基本实现思路（2）了解AI理解会话意图的多样性、说法的多样性、上下文、语境、语言的鲁棒性、语言的知识背景
					自然语言技术的实现过程（1~2学时）	了解基于传统机器学习的自然语言处理过程：语料→预处理→特征工程→选择分类器	自然语言技术的实现过程（1学时）	了解基于深度学习的自然语言处理过程

续表

知识点	知识细分	第一学段 建议达成目标	知识细分	第二学段 建议达成目标	知识细分	第三学段 建议达成目标	知识细分	第四学段 建议达成目标
语音交互					语音交互的概念和流程（1学时）	(1) 了解语音交互的概念； (2) 了解语音交互要素：声学语音分析、自然语言理解、语音合成输出		
					语音交互的优劣势、适用范围及趋势（1学时）	(1) 了解语音交互的优势； (2) 了解语音交互的劣势； (3) 了解语音交互的适用场景，如家居、车载、企业、教育等； (4) 了解语音交互的适用设备，如平板电脑、电视、电灯等； (5) 了解语音交互的发展趋势，例如免唤醒交互方式、多通道交互方式等		

续表

附录1 知识点与建议达成目标一览表

知识点	第一学段 知识细分	第一学段 建议达成目标	第二学段 知识细分	第二学段 建议达成目标	第三学段 知识细分	第三学段 建议达成目标	第四学段 知识细分	第四学段 建议达成目标
情感计算							情感计算基础（1学时）	(1) 了解情感计算的概念 (2) 了解情感计算在人机交互中的作用 (3) 了解人类表达情感的方式 (4) 了解人类感知情感的方式
情感计算							情感计算模型（1学时）	(1) 了解情感计算的主要内容 (2) 了解情感计算模型的输入 (3) 了解情感计算模型的功能
情感计算							情感计算的方式（1学时）	(1) 了解人类面部表情识别的基本原理 (2) 了解通过语音识别情感的基本原理 (3) 了解多模态情感计算在情感计算中的作用
人机交互应用	体验人机交互（2学时）	通过视频、参观等方式了解人机交互在工业、教育、文娱、体育、生活等方面的应用	人机交互应用分析（2学时）	分析人机交互中智能手机、智能家电等产品的优点和缺点	自然语言交互（2学时）	能够基于教件平台或编程实现一个简单的聊天机器人	自然语言理解的应用（2学时）	(1) 知道机器翻译的基本原理和应用 (2) 知道问答系统的基本原理和应用

附录2 人工智能常用术语中英文对照

阿西莫夫（机器人）三原则	Asimov's laws
半监督学习	semi-supervised learning
编码	coding
变换	transform
变异	mutation
遍历搜索	ergodic search
表示与推理	representation & reasoning
波形	waveform
波形编码	waveform coding
波形分析	waveform analysis
不确定性	uncertainty
布尔逻辑	Boolean logic
采样、抽样	sampling
操作、运算	operation
槽	slot
槽名	slot name

槽值	slot value
策略	policy, strategy
查询	query
产生式规则	production rule
产生式系统	production system
抽取	elicitation
初始化	initialization
传感器	sensor
传感系统	sensory system
词频分布	word frequency distribution
词素	semantic morpheme
倒谱分析	cepstral analysis
递归、回归	regression
迭代算法	iterative algorithm
定理证明	theorem proving
多传感器信息融合	multi-sensor information fusion
反馈	feedback
反向传播算法（BP 算法）	back-propagation algorithm
分布式处理	distributed processing
分类	classification
蜂群算法	bee colony algorithm
冯·诺依曼计算机	von Neumann computer (machine)

服务机器人	service robot
符号函数	sign function
符号推理	symbolic reasoning
符号主义	symbolism
概率	probability
感受器	receptor
感知器	perceptron
工业机器人	industrial robot
规划、计划	planning
规则	law, rule
规则库	Rule Base (RB)
轨迹	trajectory
猴子和香蕉问题	monkey and bananas problem
回归神经网络	Regression Neural Network (RNN)
机器定理证明	mechanical theorem proving
机器翻译	Machine Translation (MT)
机器人	robot
机器视觉	machine vision
机器学习	machine learning
机器智能	Machine Intelligence (MI)
激活函数	activation function
监督学习	supervised learning

建模	modeling
交叉	crossover
交互	interaction
进化算法	Evolution Algorithm（EA）
竞争学习	Competition Learning（CL）
矩阵	matrix
句法分析	Syntactic Parsing
聚类	clustering
卷积	convolution
卷积神经网络	Convolution Neural Network（CNN）
决策	decision，decision making
决策支持系统	Decision Support System（DSS）
宽(广)度优先搜索	Breadth First Search（BFS）
狼群算法	wolf colony algorithm，wolf pack algorithm
粒子群算法	particle swarm optimization
联结主义	connectionism
联想记忆	association memory
聊天机器人	talk bot
邻域	neighborhood
路径规划	path planning
盲目随机搜索法	blind random search
枚举法	enumeration method

描述	description
命题	proposition
模板	template
模式	pattern
模式匹配	pattern matching
模式识别	pattern recognition
目标跟踪	object tracking
目标函数	object function
目标检测	object detection
期望值	expected value
启发式规则	heuristic rule
启发式搜索	heuristic search
前馈网络	Feed Forward Network (FFN)
强化学习、增强学习	reinforcement learning
情感计算	affective computing
穷举法	exhaust algorithm
权、权重	weight
权矩阵	weight matrix
全局极小、全局最小	global minimum
全局优化	global optimization
确定性	deterministic
群体智能	Swarm Intelligence (SI)

染色体表达	chromosomerep resentation
人工神经网络	Artificial Neural Network (ANN)
人工生命	artificial life
人工智能	Artificial Intelligence (AI)
人机交互	Human-Computer Interaction (HCI)
人机接口	human-machine interface
人机界面	man-machine interface
人脸表情识别	facial expression recognition
人脸识别	face recognition
人造皮肤、人工皮肤	artificial skin
人造系统	artificial system
认知	cognition
认知神经科学	cognitive neuroscience
认知生理学	cognitive physiology
任务、作业	task
容错性	tolerance error
融合	fusion
三目图像	trinocular image
三维视觉	three-dimension vision
上下文、语境	context
上下文无关语言	context-free language
上下文相关语言	context-sensitive language

深度神经网络	Deep Neural Network（DNN）
深度学习	deep learning
深度优先搜索	depth first search
神经元	neuron
生物传感器	biosensor
生物神经网络	Biological Neural Network（BNN）
生物特征识别	biometric recognition
声纹	voiceprint
声音识别系统	sound recognition system
胜者全得、胜者为王	winner-take-all
识别率	rate of recognition
示教学习	learning from induction
示教再现型机器人	playback robot
试探法	heuristic approach
视觉传感器	vision sensor
适应度	fitness
适应性、自适应性	adaptivity
适者生存	survival of fitness
收敛	convergence
手写体汉字识别	hand-written Chinese character recognition
输出层	output layer
输入层	input layer

输入输出模型	input-output model
树突	dendrite
数据变换	data transformation
数据采集	data collection
数据仓库	data warehousing
数据处理	data processing
数据建模	data modeling
数据结构	data structure
数据可视化	data visualization
数据库	Data Base（DB）
数据驱动	data driven
数据融合	data fusion
数据挖掘	data mining
数字图像	digital image
双目图像	binocular image
说话人识别	Speaker Recognition（SR）
说话人无关识别	speaker-independent recognition
说话人相关识别	speaker-dependent recognition
搜索策略	searching strategy
搜索空间	search space
搜索求解	search finding
搜索算法	searching algorithm

搜索图	searching graph
搜索引擎	search engine
算法	algorithm
随机搜索	stochastic searching
随机性	randomness
拓扑学	topology
贪心搜索	greedy search
特征	feature
特征描述	characteristic description
特征识别	feature recognition
特征提取	feature extraction
特征向量	feature vector
特征选取	feature selection
特征值	eigenvalue
梯度	gradient
梯度下降算法	gradient descent algorithm
听觉传感器	acoustic sensor
统计法	statistical approach
突触	synapse
突触间隙	synaptic cleft
突触可塑性	synaptic plasticity
图灵测试	Turing test

图像	image
图像采集	image capture
图像处理	image processing
推理、推断	inference
推理机	inference machine
外感受器	exteroceptor
网格计算	grid computing
位置传感器	position sensor
谓词	predicate
谓词符号	predicate symbol
谓词公式	predicate formula
谓词逻辑	predicate logic
谓词演算	predicate calculus
温度传感器	temperature sensor
文(字)-语(音)转换	text-to-speech conversion
文本	text
文本数据挖掘	text data mining
文本无关识别系统	text-independent recognition system
文本相关识别系统	text-dependent recognition system
文本信息抽取	text information extraction
稳定性	stability
问答系统	question answering system

问题表示	problem representation
问题求解	problem solving
无监督学习	unsupervised learning
误差	error
误差反向传播算法	error back-propagation algorithm
误差分析	error analysis
误差函数	error function
习（获）得	acquisition
系数	coefficient
系统	system
细胞神经网络	Cellular Neural Network（CNN）
先验知识	prior knowledge
线性分类	linear classification
线性回归	linear regression
线性可分的	linearly separable
线性判别函数	linear discriminant function
香农采样定理	Shannon sampling theorem
向量、矢量	vector
像素	pixel
信号处理	signal processing
信息抽取	information extraction
信息技术	information technology

行为主义	actionism
形式逻辑	formal logic
虚拟现实	Virtual Reality (VR)
学习机	learning machine
训练	training
训练过程	training procedure
训练集	training set
训练数据	training data
压觉传感器	pressure sensor
演绎	deduction
样本集	sample set
一阶逻辑	first-order logic
移动式机器人	mobile robot
遗传算法	Genetic Algorithm (GA)
蚁群算法	ant colony algorithm
音素	phoneme
音文转换	speech to text
隐(藏)神经元	hidden neuron
应力传感器	stress sensor
用户词典	user specific dictionary
优化技术	optimization technique
鱼群算法	fish swarm algorithm

语料库	corpus
语音处理	speech processing
语音识别	speech recognition
阈值	threshold
噪声	noise
掌纹识别	palmprint recognition
正向传播	forward propagation
正向搜索	forward search
正向推理	forward reasoning
支持向量机	Support Vector Machine（SVM）
知识表示	knowledge representation
知识抽取	knowledge elicitation
知识处理	knowledge processing
知识发现	knowledge discovery
知识工程	knowledge engineering
知识获取	knowledge acquisition
指纹识别	fingerprint recognition，fingerprint identification
智能、智力	intelligence
智能车	intelligent vehicle
智能传感器	intelligent sensor
智能的	intelligent
智能机器人	intelligent robot

智能决策	intelligent decision making
智能搜索引擎	intelligence search engine
智能体	agent
智能体	intelligent agent
种群、群体	population
主成分(分量)分析	Principal Component Analysis (PCA)
专家系统	expert system
自然语言处理	Natural Language Processing (NLP)
自然语言理解	natural language understanding
自适应	adaptive、self-adapting
自学习	self learning
自诊断能力	self detective ability
自主机器人	autonomous robot
自组织	self organizing
最小二乘法	Least Square Method (LSM)
最小化	minimizing
最优化	optimization